WALTER BOSSHARD | CHINA BRENNT
Bildberichte 1931–1939

Herausgegeben von Peter Pfrunder

Limmat Verlag Zürich | Fotostiftung Schweiz

"Four Hundred Million Customers"
and all in one train.

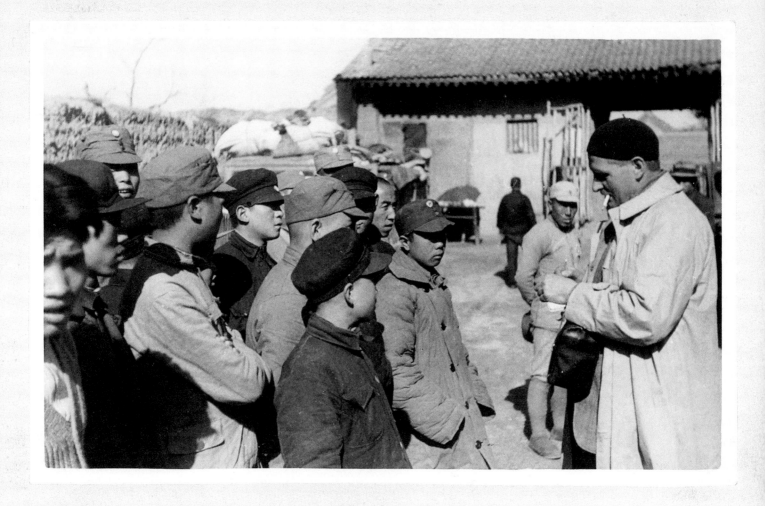

Young China tells All!

ZWISCHEN DEN FRONTEN
Peter Pfrunder

«Ich habe in den letzten zehn Jahren China von den unerforschten Gebieten des Kunlun und den Wüsten Zentralasiens bis zu den überfüllten Hafenstädten am Yangtse, von den mandschurischen Wäldern bis zu den Bambushainen des Südens bereist und kennengelernt. Ich habe die bedeutendsten Staatsmänner und Generäle getroffen. Ich bin den Massen des arbeitsamen, alten und doch ewig jungen Volkes begegnet und habe mit dem gewöhnlichsten Kuli die Mahlzeit geteilt. Ich habe mit Banditen Witze gemacht und ich zähle Priester und lebende Buddhas zu meinen Freunden. Jedes Mal, nachdem ich China verlassen hatte und dieses Reich von aussen betrachtete, wurde mir klar, dass in diesem Volk eine Energie steckt, die uns im alten Europa eines Tages gefährlich werden wird.» – So leitet der aus Beijing (Peking) angereiste Sonderberichterstatter der *Berliner Illustrirten Zeitung* am Freitag, 12. Juli 1935 im Kasino-Saal des Ullstein-Hauses seinen Vortrag ein. Walter Bosshard, der für einen kurzen Besuch in Berlin weilt, ist ein prominenter Redner, seine Fotoreportagen erreichen ein Millionenpublikum. Schon am 9. August 1931 hatte ihn die *Berliner Illustrirte Zeitung* zu ihrem Aushängeschild gemacht: Sein Porträt prangte formatfüllend auf dem Cover der «Grossen Zeppelin-Nummer», und sein eindrucksvoller Beitrag über die erste Arktis-Fahrt des Luftschiffs «Graf Zeppelin» erstreckte sich über ganze neun Seiten. In dicken Lettern rühmte sich die Illustrierte, dass sie «als einzige Zeitschrift einen eigenen Bildberichterstatter an Bord» hatte. Und auch der Reporter selbst war mit seinem Auftritt zufrieden: «Man war in Berlin ausserordentlich begeistert, ich habe auch schon eine Anzahl Briefe von allerlei Damen erhalten, die mein Bild mit der Unterschrift haben möchten!», meldete er seinen Verwandten.

Walter Bosshard wurde 1892 im kleinen Bauerndorf Samstagern bei Richterswil geboren, wo er auch seine Jugend verbrachte. Nach dem Ende des Ersten Weltkrieges verliess er die Schweiz und kehrte erst 1953 dauerhaft in seine Heimat zurück. In den dazwischen liegenden Jahrzehnten machte er eine brillante, internationale Karriere als Fotojournalist. Er war ein Zeitgenosse im besten Sinn: Scharfsichtig beobachtete und kommentierte er die politischen Entwicklungen auf der grossen Weltbühne, prägnant und stilsicher informierte er die Öffentlichkeit in Bild und Wort. Seine Reportagen kombinierten sprachliche Gewandtheit mit Expertise, visuelle Ausdruckskraft mit ästhetischem Feingefühl. Bosshards Abenteuer- und Reiselust, seine zupackende Art und Unerschrockenheit, aber auch seine Intuition, Schlauheit und diplomatische Cleverness waren ideale Voraussetzungen, um sich als eine der herausragenden

«Bosshard over Asia»
Der Korrespondent der *Chicago Daily News*, Archibald T. Steele, stellte 1938 ein persönliches Album mit 57 von ihm selbst aufgenommenen Fotografien zusammen, die Walter Bosshard bei seiner Arbeit als Fotoreporter zeigen. Steele war ein guter Freund und Weggefährte Bosshards, der ihn 1938 auf der beschwerlichen Fahrt zum Hauptquartier der Kommunisten in Yan'an begleitete. Die Bilder zeigen auch weitere befreundete Journalisten und Fotografen, so etwa die bekannte englische Autorin Freda Utley oder den Starreporter Robert Capa, aber auch hochrangige chinesische Persönlichkeiten wie Song Meiling. Vermutlich handelt es sich bei dem Album in Leporello-Form um ein Abschiedsgeschenk, datiert auf den 6. Januar 1939, das Steele seinem Freund überreichte, bevor sich ihre Wege trennten.

Figuren im Fotojournalismus der späten 1920er Jahre zu etablieren. Der ausgebildete Lehrer und fotografische Autodidakt gehörte zu einer kleinen Schar von Pionieren, die der modernen Fotoreportage zum Durchbruch verhalfen und sie als eigenständiges Format etablierten. Seine wichtigsten Plattformen waren die damals boomenden illustrierten Zeitschriften: Die *Berliner Illustrirte* und weitere Medien des Ullstein-Verlags, die *Münchner Illustrierte Presse* oder die *Zürcher Illustrierte*. Später kamen amerikanische und englische Medien wie *Life* und *Picture Post* dazu, bevor er schliesslich eine feste Stelle als Korrespondent der *Neuen Zürcher Zeitung* annahm.

Destination Ferner Osten

Den Grundstein für seine fotojournalistische Karriere legte Walter Bosshard 1927/28 als Mitorganisator und Teilnehmer der Deutschen Zentralasien Expedition, die unbekannte Gegenden des Himalaya erforschte und durch die abgelegene Taklamakan-Wüste führte. Er wurde in erster Linie als technischer Leiter angeheuert, aber es gehörte auch zu seinen Aufgaben, das kühne Unternehmen fotografisch zu dokumentieren. So gelang es ihm, spektakuläre Bildberichte zu veröffentlichen und seine Fotografien international zu verbreiten – unter anderem im Buch *Durch Tibet und Turkestan* sowie in einem fünfzigseitigen Beitrag im prestigeträchtigen *National Geographic Magazine.* So überrascht es nicht, dass Bosshard schon 1930 von der *Münchner Illustrierten* und der damals führenden Berliner Fotografenagentur *Dephot* einen ganz grossen Auftrag erhielt: Während rund acht Monaten sollte er Indien bereisen, um über die von Gandhi angeführte Unabhängigkeitsbewegung zu berichten. Das Resultat sorgte für Aufsehen. Neben intimen Porträts des kamerascheuen Mahatma erschienen diverse Reportagen über den in Aufruhr geratenen Subkontinent. Darüber hinaus veröffentlichte Bosshard unter dem Titel *Indien kämpft!* ein weiteres Buch, mit dem er sich als politischer Autor profilierte und seine Sachkenntnis unter Beweis stellte.

Bereits in den 1920er Jahren hatte Walter Bosshard als Plantagenmanager in Sumatra und als reisender Edelsteinhändler seine Faszination für Asien entdeckt. Nun suchte er nach Möglichkeiten, seine Kenntnisse auch journalistisch nutzbar zu machen. Tatsächlich bot ihm die politische Entwicklung im Fernen Osten Gelegenheit dazu: Das Säbelrasseln Japans, das in Asien die alleinige Vorherrschaft anstrebte, der Versuch zur Einigung Chinas durch eine neu einberufene Nationalversammlung sowie der japanische Einmarsch in die Mandschurei lenkten das Interesse der europäischen und amerikanischen Medien zu Beginn der 1930er Jahre immer mehr auf das Reich der Mitte. Walter Bosshard packte seine Chance. «Denn eines

A new angle on the guerilla gals.

"This is how we do it in Zurich!"

dürfen wir nicht vergessen: Was sich im Osten abspielt, ist kein lokaler Konflikt, welcher uns in Europa nichts angeht; im Gegenteil, da draussen wird um Interessen gekämpft, welche für das europäische Wirtschaftsleben von vitalster Bedeutung werden können» – mit dieser Überzeugung wurde Bosshard zwischen 1931 und 1939 zu einem der produktivsten und angesehensten Asien-Korrespondenten seiner Zeit, der in hoher Kadenz Nachrichten aus China in den Westen übermittelte. 1933 verlegte er seinen Wohnsitz definitiv in die von ihm geliebte Stadt Beijing, die er in seinen Aufzeichnungen schon bald als «meine wirkliche Heimat» bezeichnen sollte. Von hier aus reiste er in alle Himmelsrichtungen, um die verschiedenen Konfliktherde zu besuchen; er unternahm aber auch eigentliche Expeditionen ins Landesinnere oder widmete sich dem Alltag und den Lebensbedingungen der chinesischen Bevölkerung.

Aufruhr im Reich der Mitte

Im Mai 1931 hatte Walter Bosshard die Aufbruchstimmung miterlebt, welche die Eröffnung der ersten chinesischen Nationalversammlung in Nanjing (Nanking) begleitete. Ein historischer Wendepunkt: Das Reich, das zu zerfallen drohte, demonstrierte Einigkeit und Stärke, angeführt vom autoritären Generalissimus Tschiang Kai-shek und der nationalistischen Kuomintang-Regierung (Bilder 34–49). Wenige Monate später zeigte sich aber, wie fragil und verletzlich dieses neue China war. Ein Bombenanschlag auf eine von den Japanern betriebene Bahnlinie hatte zur Folge, dass japanische Truppen die Mandschurei besetzten und Japan unter dem Namen Mandschukuo einen Marionettenstaat errichtete (Bilder 50–61). In der Folge kam es zu zahlreichen kriegerischen Auseinandersetzungen, verheerenden Bombardierungen von Städten wie Beijing und Shanghai, zu demoralisierenden chinesischen Niederlagen im Kampf gegen die hochgerüstete japanische Armee und zu einer etappenweisen Erweiterung der besetzten Zone. Dazu kam ein brutaler Bürgerkrieg zwischen dem nationalistischen und dem kommunistischen Lager. Erst 1936 schlossen sich Kuomintang und Kommunisten im Abwehrkampf gegen die Japaner zusammen. Diese wiederum nahmen einen Zwischenfall in der Nähe der Marco-Polo-Brücke bei Beijing zum Anlass für eine offene Kriegserklärung. Damit rechtfertigten sie eine massive Invasion: 1937 überfielen und besetzten sie nacheinander die grossen Städte Beijing, Tianjin (Tientsin), Shanghai, um schliesslich am 13. Dezember in die Hauptstadt Nanjing einzumarschieren. Hier richteten sie während rund sieben Wochen eines der grössten und grausamsten Massaker der Weltgeschichte an, bei dem schätzungsweise über 200 000 Zivilisten umgebracht wurden. Der japanische Vormarsch löste Migrationsbewegungen aus, welche die soziale, kulturelle und ökonomische Landkarte tiefgreifend veränderten: Zwischen 1937 und 1945 waren gegen hundert Millionen Chinesinnen und Chinesen in ihrem eigenen Land auf der Flucht.

Mit der gekonnten Verbindung von Wort und Bild, schreibend und fotografierend, war Walter Bosshard ein allseits gefragter Augenzeuge dieses langen Krieges, ein kritischer Beobachter, der auch von den Mächtigen respektiert wurde. Unerschütterlich und unermüdlich bewegte er sich zwischen den Fronten und verschaffte sich Zugang zu den Zentren der Macht. Chinesische Herrscher, japanische Generäle, unbeugsame Warlords sowie die einflussreichsten Protagonistinnen im Hintergrund öffneten ihm die Türe und liessen sich von ihm ablichten. Seine Sympathien galten aber auch den einfachen Menschen auf der Strasse, unbekannten Frauen und Männern, denen er auf ausgedehnten Reisen begegnete, sei es in chaotischen Grossstädten oder in abgelegenen Dörfern. So gelang es ihm immer wieder, das schwer durchschaubare, von der japanischen Invasion und dem selbstzerstörerischen innenpolitischen Machtkampf geprägte Geschehen mit aussagekräftigen Momentaufnahmen zu dokumentieren und zu deuten. Bosshard leistete mitunter wertvolle Aufklärungsarbeit – etwa durch seine Berichte über die Greueltaten der Japaner oder mit Nachforschungen über die Zustände in der Inneren Mongolei. «Was sagt der Völkerbund dazu?», lautet der Titel eines Artikels von 1932, worin sich Bosshard als Zeuge brutaler Vorfälle zu Wort meldete. «Dies sind einige wenige Fälle, deren ich mich persönlich mit aller Sorgfalt angenommen habe; ihre Zahl könnte beliebig vermehrt werden ... Damit war der Zweck meiner ‹Enthüllungen› erreicht, welche durchaus nicht aus Gründen antijapanischer Einstellung gemacht wurden, sondern weil ich es als meine Pflicht erachte, auf bestehende Missstände aufmerksam zu machen.»

Der Fall von Hankou

Besonders eindrücklich berichtete Bosshard von der Agonie der Stadt Hankou (Hankow), dem temporären Regierungssitz unter Tschiang Kai-shek (Bilder 204–232). Im Jahr 1938 war die am mittleren Jangtse gelegene Stadt monatelang heftigsten japanischen Bombardierungen ausgeliefert. Hier versammelten sich, in Erwartung des bevorstehenden feindlichen Einmarsches, die Vertreter der Weltpresse, um über die aktuellsten Entwicklungen zu berichten – unter ihnen der schon damals berühmte Fotograf Robert Capa oder die gefeierte englische Journalistin und Autorin Freda Utley, die sich in ihrem Buch *China at War* mit Zuneigung auch an Walter Bosshard erinnerte, «einen der besten Fotografen in China». Hankou war zweifellos der mediale Hotspot jener Zeit; Nacht für Nacht stiegen die Korrespondenten

Communist coquette.

Leader of Red China.

auf das Dach der lutherischen Mission, um die spektakulären Luftkämpfe zwischen japanischen und chinesischen Fliegern mitzuverfolgen oder Chinas Chancen im verzweifelten Widerstand gegen die vorrückenden Feinde zu diskutieren. Ein Drama, dessen Bedeutung im entfernten Europa und Amerika unterschätzt wurde, denn der Westen war zu dieser Zeit vor allem mit sich selbst beschäftigt. Die aus unterschiedlichsten Lagern stammenden Berichterstatter und Intellektuellen wuchsen in jenen Monaten zu einer verschworenen Truppe zusammen: «The Hankow Last Ditchers» (Die letzten Unentwegten von Hankou), wie sie sich nannten – in der Vorahnung, Zeugen einer Entscheidungsschlacht von welthistorischer Bedeutung zu werden. Wie intensiv auch Walter Bosshard diese Periode erlebte, spiegelt sich in dem über 240-seitigen unveröffentlichten Romanmanuskript «Freundschaft in Hankau», worin er unter anderem das oberflächliche Verhalten und die gesellschaftlichen Rituale der Ausländer karikierte. Als einer der letzten westlichen Journalisten verliess er die Stadt nach dem Einmarsch der japanischen Truppen am 26. Oktober 1938.

Zu den speziellen Herausforderungen der in Konfliktzonen arbeitenden Fotojournalisten gehörte es, Bilder und Berichte möglichst schnell an sämtlichen Hindernissen vorbei den Redaktionen im Westen zuzustellen. Vor allem für die Fotografien gab es lange Zeit nur den Postweg. Die Übermittlung von Paketen und Briefen von Beijing nach Berlin dauerte zu Beginn der 1930er Jahre – nach Einführung eines speziellen Postflugzeugs – im besten Fall sechs Tage. Augenzeugenschaft, Unmittelbarkeit und (meist nicht überprüfbare) Glaubwürdigkeit prägten den Konkurrenzkampf der internationalen Medien. Sie bestimmten auch die Rhetorik von Bildern, Texten und Layouts. Mit seiner Leica – schon 1925 hatte er einen Apparat der ersten Serie erworben – war Walter Bosshard gut gerüstet. Die legendäre Kleinbildkamera eignete sich hervorragend für spontane, dynamische Momentaufnahmen; gerade das Erhaschen von flüchtigen Augenblicken gab der Leserschaft das Gefühl, selbst dabei gewesen zu sein.

Weil das Tempo entscheidend war, sorgte Bosshard dafür, seine Filme auch unter misslichen Bedingungen selbst entwickeln zu können, und zwar «in einem kleinen Tank, den ich ständig im Koffer habe», wie er einem Kollegen erklärte. Zuweilen verwandelte er seine Hoteltoilette in ein improvisiertes Labor, um Vergrösserungen herzustellen. Und irgendwie scheint er es immer wieder geschafft zu haben, seine Geschichte vor allen andern loszusenden – «der Schweizer Fuchs hat schon wieder alle hinter sich gelassen», konstatierte einer seiner Kollegen, der seinerseits an den Wettläufen um den Primeur teilnahm.

Fotojournalismus unter Druck

Neben technischen Problemen galt es aber auch politische Schwierigkeiten zu meistern. Eine «falsche» Parteinahme konnte schnell zum Stolperstein werden – zumal China und Japan im Westen unterschiedliche Verbündete hatten und ihr Kampf auch ein geopolitischer und ideologischer Stellvertreterkrieg war. Die westlichen Mächte schauten dem Vormarsch der Japaner lange Zeit tatenlos zu; sie waren vor allem darauf bedacht, ihre wirtschaftlichen Interessen in China zu wahren und sowohl von den japanischen als auch von den chinesischen Bestellungen von Kriegsmaterial zu profitieren. Also vermieden sie es, sich zu exponieren.

Walter Bosshard konnte sich zwar auf einen Vertrag mit Ullstein, dem Hauptabnehmer seiner Geschichten, abstützen, musste sich aber trotzdem immer wieder neu bewähren, um im Geschäft zu bleiben. Ab 1933 geriet der in jüdischem Besitz befindliche Ullstein-Verlag immer stärker unter nationalsozialistischen Druck, was auch der Korrespondent im Fernen Osten zu spüren bekam. Seine Position sei «sehr wackelig», notierte er schon am 6. Mai 1933 in sein Tagebuch. «Man intrigiert von allen Seiten. Mein Aufstieg war zu rasch – ob es mir gelingen wird, meine Stellung zu behalten?» Und in einem Briefentwurf an Kurt Szafranski, den Chefredaktor der *Berliner Illustrirten Zeitung,* ersuchte Bosshard mit einem «Arbeitsprogramm für die nächsten zwei Jahre» um mehr Verbindlichkeit: «Da wir beide nicht wissen, ob die Tageszeitungen des Ullstein-Verlages ein Interesse an einem ständigen Korrespondenten im Fernen Osten haben, […] möchte ich Sie bitten, mir zu sagen, welchen Weg Sie für mich richtig halten.» 1934 musste die jüdische Verlegerfamilie ihr Unternehmen weit unter Wert verkaufen, 1937 wurde Ullstein in «Deutscher Verlag» umbenannt. Nach dieser erzwungenen Arisierung distanzierte sich Walter Bosshard von den nazifreundlichen deutschen Medien und stellte 1938 seine Zusammenarbeit mit ihnen ein; stattdessen fand er in *Picture Post, Life, Neue Zürcher Zeitung* sowie der amerikanischen Agentur *Black Star* wichtige neue Abgeber und ein passenderes politisches Umfeld für seine Bildberichte.

Wer im Fotojournalismus der dreissiger Jahren erfolgreich sein wollte, musste auch die rasche Entwicklung der Medien im Auge behalten und auf die Bedürfnisse des Marktes reagieren. Schon früh erkannte Walter Bosshard die Möglichkeit, neben Bildberichten auch kurze dokumentarische Filme zu produzieren und zu verkaufen. Ab 1932 fand die Berichterstattung über China regelmässig auch in Form von sogenannten «Newsreels» oder «Filmwochenschau»-Beiträgen statt, die als Vorprogramm in Kinos gezeigt wurden und politische oder gesellschaftliche Aktualitäten vermittelten – Nachrichten in bewegten

How to Win Friends —

And Influence People.

Bildern. Es gibt allerdings kaum Informationen darüber, wie gut Bosshard seine Filme journalistisch verwerten und in solche Wochenschau-Programme einspeisen konnte. Sicher ist, dass er auf seinen Reisen häufig eine Filmkamera dabeihatte, die er parallel zur Fotografie einsetzte: So drehte er eine ganze Reihe von Filmen mit einer Dauer zwischen 9 und 22 Minuten, zum Beispiel über die Kaiserkrönung in Xinjiang (Hsinkiang, 1934), die Innere Mongolei (1934), Mao und die Kommunisten in Yan'an (1938), die Ausbildung von chinesischen Guerillakämpfern (1938) oder die Evakuation von Kindern vor dem Einmarsch der Japaner in Hankou (1938). Für den Vertrieb dieser Kurzfilme, die ihm ein zusätzliches Einkommen bescherten, war vermutlich ebenfalls Ullstein zuständig. Noch mehr als in der Fotografie war es dabei wichtig, eine Dramaturgie zu entwickeln, einen Handlungsablauf zu definieren und das Geschehen in eine «Story» zu verpacken.

Geschichten erzählen

So hatte das Medium Film zweifellos auch Rückwirkungen auf die Art und Weise, wie Reportagen gestaltet und fotografische Geschichten erzählt wurden. Das Credo der dokumentarischen Fotografie, wonach Eingriffe in die fotografierte Szene oder gestellte Aufnahmen ein Sakrileg sind, hatte im Fotojournalismus der dreissiger Jahre noch nicht dasselbe Gewicht wie in der Nachkriegszeit. Für Bosshard war es legitim, auch bei einer fotografischen Geschichte Regie zu führen, um seinem Publikum Einblicke in die «wahren» Verhältnisse in China zu geben. Dabei machte er den fiktionalen Ansatz durchaus transparent. Ein Paradebeispiel ist seine Bilderzählung über den Bauern Fu, «geschildert von Walter Bosshard, der seit Jahren als Sonderberichterstatter der *Berliner Illustrirten* in China weilt», wie die Zeitschrift selbst mitteilte – in bewusster Abgrenzung zur streng dokumentarischen Berichterstattung. Für diese 1935 erschienene Geschichte mit dem Titel «Ein Lebenslauf in China» (Bilder 104–107) liess sich Bosshard offensichtlich vom Bestseller *The Good Earth* (1931) von Pearl S. Buck inspirieren. Denn in seinem Archiv legte er die umfangreiche Fotoserie «Die gute Erde» ab, von der allerdings nur dreizehn Bilder in der Illustrierten gedruckt wurden. Das Drehbuch: Bauer Fu heiratet, geht seiner Arbeit auf dem Feld nach, hat Erfolg und Rückschläge. Nach dem Tiefpunkt, bei dem seine Familie zum Betteln gezwungen ist und er selbst sich als Rikscha-Fahrer verdingen muss, gelingt aber der Aufstieg doch noch. Die Frau stirbt, doch die Familie überlebt und prosperiert. In der *Berliner Illustrirten* lebt diese Geschichte nicht so sehr von der Handlung als vielmehr von den stimmungsvollen Fotografien und den Legenden; die Möglichkeit, mit einem vorgegebenen Gerüst und gestellten

Bildern zu arbeiten, führt zu einer durchaus attraktiven und aussagekräftigen, letztlich doch wieder dokumentarischen Form. Ganz ähnlich funktioniert «The Life of a Chinese Guerilla», 1938 fotografiert und 1939 in der englischen *Picture Post* veröffentlicht (Bilder 184–189). Hier ist es der Bauer Chang, der sich freiwillig zum Guerillakämpfer ausbilden lässt und im Einsatz gegen die Japaner von einem feindlichen Geschoss schwer verletzt wird. In siebzehn Bildern werden die komplexen Zusammenhänge um den Abwehrkampf Chinas und die Überwindung des Bürgerkrieges glaubwürdig erläutert. Die visuelle Dramaturgie gipfelt in einer Aufnahme, die den getroffenen Chang im Fall zeigt – ein fernes Echo auf Robert Capas fallenden republikanischen Milizionär (Bild 191). Und wie Capas Ikone wirft Bosshards Aufnahme sogleich Fragen bezüglich Echtheit und Inszenierung auf. Doch der von Walter Bosshard mitgelieferte Kontext lässt keinen Zweifel daran, dass seine Aufnahme gestellt ist.

Zu Besuch bei Mao

Ein Höhepunkt seiner fotojournalistischen Arbeit in China war die Begegnung mit Mao Zedong im Sommer 1938. Mao und die Rote Armee hatten sich am Ende des legendären Langen Marsches in eine abgelegene und schwer erreichbare Region der Provinz Shaanxi zurückgezogen, wo sie ihre Kräfte sammelten. In dieser kritischen Phase des Sino-Japanischen Krieges war es noch völlig unklar, welche Rolle die kommunistische Bewegung für die Zukunft Chinas spielen sollte. Umso grösser war das Interesse der Weltöffentlichkeit an Informationen aus erster Hand. Als Gegenspieler des chinesischen Generalissimus Tschiang Kai-shek rückte Mao ins Zentrum der politischen Spekulationen im Westen; Nachrichten aus seinem Versteck in den Lösshügeln von Yan'an fanden ein besonders starkes mediales Echo – dies insbesondere nach den Veröffentlichungen des amerikanischen Journalisten Edgar P. Snow, der 1936 ausführliche Gespräche mit Mao in Baoan (Pao An) geführt und diese 1937 im Buch *Red Star over China* publiziert hatte – wie das Werk von Pearl S. Buck ein Bestseller, der die westliche Sicht auf China in den dreissiger Jahren prägte. Gewissermassen im Windschatten von Snows Buch gelang Walter Bosshard wiederum ein fotojournalistischer Primeur. Die Amerikanerin Agnes Smedley, eine überzeugte Kommunistin, die enge Beziehungen zu den kommunistischen Führern pflegte, hatte Bosshard ein Empfehlungsschreiben von Zhou Enlai besorgt. Dank Zhou, der zu den führenden Köpfen der Kommunistischen Partei gehörte, fand Bosshard im Juli 1938 als erster europäischer Korrespondent den Weg zu Mao in Yan'an – zusammen mit dem bekannten China-Korrespondenten der *Chicago Daily News*, Archibald Steele, mit dem er gut befreundet war. Neben Interviews und Fotografien drehte Bosshard auch

Hankow silly season.

Last Ditchers.

einen Film mit den vermutlich frühesten Bewegtbildern von Mao.
Die angesehene amerikanische Zeitschrift *Life* publizierte das
Resultat der komplizierten, langen und beschwerlichen Reise in
einer aufsehenerregenden Reportage (Bilder 152–155), während
die *Neue Zürcher Zeitung* den sensationellen Stoff im Juli und
August 1938 in einer sechsteiligen Serie jeweils auf ihrer Front-
seite präsentierte.

Anschaulich stellte Bosshard den NZZ-Lesern den noch
wenig bekannten «Führer der kommunistischen Bauerngruppe»
vor, bevor er ihm Gelegenheit gab, eine Einschätzung der Lage
zu geben. «Als ich ihn an einem sonnigen Nachmittag besuchte,
sass er hinter dem grossen Arbeitstisch in einem Zimmer, das
durch ein Deckengewölbe den Eindruck einer Höhlenwohnung
machte. Im Hintergrund, etwas erhöht, war der ‹Kang›, die Schlaf-
stätte. Ein chinesischer Schrank und drei wacklige Stühle bilde-
ten die Ausstattung dieses einfachen Raumes. Auf dem Tisch
lagen Bücher, Papiere, Zeitungen, Briefe, Zeichnungen, ein kleiner
Alabaster-Elefant und eine Tabakpfeife wirr durcheinander. Eine
grosse Karte von Shensi [Shaanxi] und etliche russische Plakate
gegen Italiens Kampf in Abessinien schmückten die weissge-
tünchten Wände.» Mao Zedong beantwortete mit grosser Offen-
heit und analytischer Schärfe alle Fragen, die ihm Walter Bosshard stellte – über die Stärken und Schwächen der Japaner, die
Taktik des chinesischen Widerstands, den Wiederaufbau Chinas nach dem Krieg oder die weltpolitische Lage: «Die Welt ist
heute in zwei Lager getrennt. Deutschland, Italien und Japan
sind unsere Feinde, und das chinesische Volk lernt immer besser den Verrat zu verstehen, den besonders Deutschland, dem
wir nach dem Krieg Tür und Tor geöffnet haben, an China
begangen hat.» Mao habe nicht «die gewaltige dynamische
Kraft» des Generalissimus Tschiang Kai-shek, urteilte Bosshard nach dreistündiger Unterhaltung, «er gleicht vielmehr
einem der beschaulichen Philosophen der klassischen Zeit».
Und er beeindruckte den Schweizer Berichterstatter auch als
Gastgeber: «Mao Tse-tung zog eine Flasche unter dem Tisch
hervor und füllte meine Teetasse mit ‹Baiga›, einem Schnaps, der
ebenso schlecht schmeckte wie seine Zigaretten.»

Bosshard und Capa – Freunde und Rivalen

Robert Capa, der zu dieser Zeit mit einem Filmteam im
Gefolge des bekannten Dokumentarfilmers Joris Ivens in China
unterwegs war und seinerseits mit Bosshard um einen Auftritt
in *Life* wetteiferte, musste sich nach diesem Coup geschlagen
geben. Frustriert begrub er seinen Plan für eine eigene Reportage
über Yan'an und Mao. Seinem Agenten in New York schrieb er:
«Bosshard verbrachte nur zweieinhalb Tage in Yan'an. Das heisst,
er konnte nicht viel machen. Aber vielleicht doch genug, um mich

abzuschiessen …» Für Capa war die Arbeit in China aber auch sonst mit vielen Frustrationen verbunden. Er hatte den Job als zweiter Kameramann für Ivens' Film *The Four Hundred Million* angenommen, weil er sich erhofft hatte, zwischendurch als Reporter auch eigene Geschichten fotografieren zu können. Besonderes Interesse hatte er am Widerstandskampf, mit dem die chinesischen Kommunisten die Japaner zu zermürben und sich im eigenen Land gegen die Herrschaft der Kuomintang durchzusetzen versuchten. Wie viele andere sah er darin eine fernöstliche Erweiterung der antifaschistischen Bewegung, die er schon im Spanischen Bürgerkrieg aus nächster Nähe verfolgt hatte. Doch als Mitglied eines Filmteams, das mit den Kommunisten sympathisierte, war es Capa fast unmöglich, sich frei zu bewegen – zu streng waren die Kontrolle und die Einschränkungen von offizieller Seite. Song Meiling, die einflussreiche Gattin von Tschiang Kai-shek, hatte es zur Chefsache erklärt, jede Bewegung der Filmequipe zu überwachen, um den kommunistischen Gegenspielern von Tschiang Kai-shek auf keinen Fall einen internationalen propagandistischen Auftritt zu gewähren.

Immerhin gelang es Robert Capa, sich während seines Aufenthalts in Hankou vorübergehend aus der Überwachung zu lösen und einige wichtige Reportagen zu realisieren: Die permanenten Luftangriffe, die Angst der Zivilbevölkerung, die chinesischen Flüchtlingsströme oder der tägliche Kampf ums Überleben fanden einen eindrucksvollen Niederschlag in seinen Aufnahmen. In Hankou entwickelte Capa auch eine freundschaftliche Beziehung und spielerische Rivalität zu Walter Bosshard, wie der Capa-Biograf Richard Whelan berichtet – Bosshard, «der frühere Dephot-Fotograf, von dessen fernöstlichen Heldentaten Capa schon so viel gehört hatte, den er aber bis dahin noch nie getroffen hatte. Bosshard war Kriegsberichterstatter für die *Neue Zürcher Zeitung, Ullstein* und die Agentur *Black Star* (welche viele seiner Bilder an *Life* vermittelte). Er war ein adretter Mann, der mit seinem gepflegten Schnurrbart eine gewisse Ähnlichkeit mit Capas Vater Dezsö Friedmann hatte; Bosshard und Capa wurden in dieser Zeit in China Freunde und Rivalen.»

Neben den üblichen Schwarzweiss-Aufnahmen experimentierten sowohl Capa wie auch Bosshard zu dieser Zeit mit Farbfilmen. Die Firma Kodak hatte bereits 1936 einen ersten Kodachrome 35mm-Farbfilm auf den Markt gebracht, doch erst zwei Jahre später gelang es, Diapositiv-Material mit einer stabileren Farbemulsion zu produzieren – was die Herausgeber von *Life* sofort für die Umsetzung von Farbbildern in ihrer Zeitschrift zu nutzen versuchten. Für *Life*-Chef Wilson Hicks und seinen Bildredakteur Edward K. Thompson waren die Ereignisse in China sowie die beiden renommierten Fotografen Capa und Bosshard ein idealer Testfall. Im Sommer 1938 sandte Hicks

First of the Conquerors!

einige der brandneuen Kodachrome-Filme an Bosshard, der auch einen an Capa weitergab. Am 17. Oktober 1938 konnte Robert Capa seine frühesten auf Kodachrome realisierten Farbbilder in *Life* publizieren, und zwar in einem Beitrag über die Folgen der Bombardierungen von Hankou – ein ungewohnter Anblick, waren doch Farbbilder in Zeitschriften bis dahin fast ausschliesslich der Werbung vorbehalten. «Dies dürften die ersten in Farbe aufgenommenen Bilder aus einem Krieg überhaupt sein», meinte der legendäre Bildredakteur John G. Morris, der damals ebenfalls für *Life* arbeitete (Bild 223).

Allerdings war Walter Bosshard seinem Freund Capa auch in dieser Hinsicht zuvorgekommen, denn er war keineswegs nur als Mittelsmann an der angeblichen Weltpremiere im Oktober 1938 beteiligt. Seine eigenen ersten Kodachrome-Farbbilder erschienen bereits am 8. August 1938 in *Life:* Das möglicherweise früheste fotografische Porträt von Mao in Farbe sowie zwei weitere Farbaufnahmen von Übungen der Roten Armee in Yan'an füllten zusammen eine ganze Seite (Bild 152). Das sind zwar keine Kriegsbilder im engeren Sinn, aber die Szenen der Kriegsvorbereitung sind nicht weit davon entfernt. Vor dem Hintergrund der kargen, gelben Lösslandschaft strahlt das Blau der Uniformen Energie und Optimismus aus, und der Titel «China's Blue-clad Reds Harry Japan» nimmt explizit Bezug auf die Farbe als Komponente der Berichterstattung – ein fotojournalistischer Paradigmenwechsel, der eigentlich schon zwei Monate vor Capas Publikation, mit Bosshards Mao-Reportage, beginnt.

Ein Abenteurer mit Stil

Diese Anekdoten um Capa und Bosshard mögen für deren Werke und Leistungen nebensächlich sein, aber sie beleuchten doch die komplizierten Arbeitsbedingungen und den Druck, dem die Fotojournalisten ausgesetzt waren. Dank grosser Vertrautheit mit den lokalen Verhältnissen und einem exzellenten Netzwerk konnte sich Bosshard immer wieder Vorteile verschaffen, mit denen er schnell und effizient sein Ziel erreichte. 1937 hatte die Zeitschrift *Caravan* in einer Eloge über den Schweizer Reporter geschrieben: «Jeder, der im Fernen Osten mit Kamera und Notizblock unterwegs ist, weiss um die Probleme, denen die Chronisten ausgesetzt sind. Trotz Zensur, behördlichen Hindernissen und sturen Beamten gelingt es Bosshard, dem für Ullstein arbeitenden Fotojournalisten, sein Handwerk auszuüben, ohne es sich mit den Japanern oder den mandschurischen und chinesischen Behörden zu verderben. Man muss auch Diplomat sein, um dieser Tage als Korrespondent und Künstler mit der Kamera erfolgreich zu sein.» Die Bildlegende zu Bosshards Porträt lautete: «Er kann mit seiner Leica beidseitig aus der

Hüfte schiessen», und besondere Erwähnung fand seine Fähigkeit, Vertrauen zu schaffen: «Alle hohen Tiere in Asien kennen Bosshard, Diplomaten, Staatsmänner und Militärs, denn er liebt es, sie in ihrem privaten Umfeld zu porträtieren.»

Das stilvolle Auftreten des weitgereisten Bildberichterstatters war legendär. Die Autorin Freda Utley griff zwar zu einem kuriosen Vergleich, indem sie ihn als gut aussehenden, blonden und blauäugigen «Bergführer» betitelte, aber ihre Bewunderung ist nicht zu überlesen; Bosshard sei «einer jener Menschen, die immer gepflegt und gestriegelt daherkommen und nur gerade so viel bei sich haben, wie sie wirklich brauchen». David Walker, Korrespondent der britischen Zeitung *Daily Mirror,* erinnert sich in seinem Buch *Death at My Heels* (1942): «Man hätte sich keinen geeigneteren Reisebegleiter wünschen können als Walter Bosshard. Ein Schweizer der besten und zähesten Sorte, der Karawanen durch Tibet und China und weiss der Himmel wohin geführt hatte. Er konnte Dinge aus dem Nichts hervorzaubern – heissen Kakao, den er scheinbar im Ärmel mit sich trug, oder Biscuits, als ob man sie vom nächsten Baum hätte pflücken können. Nur einen Fehler hatte er: Wenn wir jenen Punkt erreichten, wo Maultiere Angst haben, vorwärts zu gehen, sprang er selbst wie eine Bergziege weiter und kletterte die steilsten Abhänge hoch. Es war verdammt anstrengend.» Auch der amerikanische Korrespondent Seymour Topping zeigte sich beeindruckt vom «Doyen» des Beijinger Pressecorps, der zu den Schlüsselfiguren im Geschäft um Nachrichten aus China gehörte: «Bosshard, der Schweizer, ein grosser, distinguierter Herr mit einer grauen Strähne im Haar, ein Korrespondent der alten Sorte, in der Tradition der Abenteurer und Forscher, lebte natürlich im besten Peking-Stil. War ich bei ihm zum Dinner eingeladen, so begab ich mich jeweils ins grosse Wohnzimmer, wo man unter den polierten Holzbalken seines Chinesen-Hauses sass und neben dem Kaminfeuer seinen faszinierenden Geschichten lauschte – Geschichten von Mandarins, Revoluzzern, Warlords und berühmten Konkubinen. Zum Dinner gab es französischen Wein und Liqueurs, die in einem katholischen Kloster in der Nähe von Peking gebrannt wurden.»

«Und ich sehne mich nach ein wenig Glück ...»
Doch dieser hartgesottene Kriegsreporter, attraktive Gentleman, joviale Reiseführer und perfekte Gastgeber hatte auch eine andere, durchaus fragile und sensible Seite. In seinen Notizen und Tagebuchblättern tut sich zuweilen ein schwarzes Loch auf, vielleicht als Gegenstück zu seinem Tatendrang, seinen furchtbaren Kriegserlebnissen und seinem öffentlichen Erfolg. «Grenzenlos niedergeschlagen», notiert er am Montag, 6. Mai 1935. «Mir scheint, als ob mein Leben nie in normale Bahnen

gebracht werden könnte. Weshalb kann ich nicht glücklich werden wie andere Menschen. Und ich sehne mich nach ein klein wenig Glück, nach etwas Sonnenschein, ich sehne mich nach einem Menschen, der mir helfen könnte, all diese trüben Stimmungen zu überwinden.» Walter Bosshards tiefe Sehnsucht nach menschlicher Nähe und einer friedlichen, harmonischen Welt spiegelt sich auch in mehreren Reisen in die Innere Mongolei, wo er zwischen 1934 und 1936 ebendieses Glück zu finden hoffte. Hier, im Bann von «Zauber und Schönheit der Steppe» – so der Untertitel seines Buches *Kühles Grasland Mongolei* –, entfloh er vorübergehend dem Schrecken einer sich selbst zerstörenden Zivilisation, obschon er wusste, dass auch dieses Paradies dem Untergang geweiht war (Bilder 110–131). Bosshards Fotografien und Filme aus der Inneren Mongolei zeugen von feinfühliger Anteilnahme sowie seinem Sinn für Schönheit und Poesie – nicht anders als seine diversen literarischen Versuche, die ihm aber kaum je den erhofften Erfolg brachten. Mit seiner Suche nach Schönheit verdrängte er wohl auch jenes Gefühl tiefer Einsamkeit, das da und dort zwischen seinen Werken aufblitzt. Denn Walter Bosshard war letztlich doch ein Einzelgänger, der zwar überall gerne gesehen wurde, aber sich kaum auf eine enge Beziehung einlassen konnte. Hie und da tauchten in seinem Leben Frauen auf, in die er sich verliebte; doch in dieser Hinsicht weist seine Biografie einige Lücken auf, die auch durch die bruchstückhaften Aufzeichnungen über seine unerfüllten Träume und Wünsche nicht zu schliessen sind. Bosshards Einsamkeit mag mitunter erklären, weshalb der ruhelose Fotojournalist immer wieder von Neuem einen unerhörten Aktivismus entwickelte und geradezu getrieben war, sich den Gefahren und Risiken auf Expeditionen oder an der Front auszusetzen.

Trotz diesen persönlichen Problemen und gelegentlichen Abstürzen kann man das Jahrzehnt, das Walter Bosshard in China verbrachte, als eine glückliche und fruchtbare Periode seines Lebens bezeichnen; es war fraglos die wichtigste Phase in seinem fotojournalistischen Schaffen. Nicht nur, weil er damals seine Fähigkeiten als doppelt begabter, fotografierender und schreibender Berichterstatter voll zur Geltung bringen konnte, sondern auch, weil es ihm möglich war, den Sino-Japanischen Krieg in seiner ganzen dramatischen Entwicklung zu verfolgen und das Geschehen aus unterschiedlichen, ja entgegengesetzten Perspektiven zu beleuchten. In der unvoreingenommenen Beschäftigung mit einer komplexen Realität lag eine seiner Stärken; im Versuch, eine fremde und verrückte Welt zu begreifen und zu vermitteln, entfaltete sich sein Talent. Zwar setzte der freischaffende Bildberichterstatter seine Karriere ab 1939 als fester Korrespondent der *Neuen Zürcher Zeitung* fort und blieb als Reporter hoch geschätzt. Doch in den Jahren bis zu seinem unfallbedingten Ausstieg aus dem Journalismus – Bosshard zog sich 1953 bei einem Sturz in Korea eine Hüftverletzung zu, von der er sich nie mehr ganz erholte – verlor die Fotografie für ihn immer mehr an Bedeutung. Und damit büssten auch seine Berichte viel von ihrer packenden Unmittelbarkeit und Lebendigkeit ein.

Es gibt, international gesehen, nur wenige Fotojournalisten, welche die schwierige Zeit der japanischen Besetzung Chinas so konstant und in so grosser Intensität verfolgten und abbildeten. Für das Publikum im Westen und in der Schweiz war Walter Bosshard während Jahren eine Instanz – jedenfalls bis zum Ende des Zweiten Weltkrieges. «Und weisst du, mein lieber Freund, dass dein Ansehen und die Wertschätzung deiner journalistischen Arbeit immer weiter wachsen?», schrieb Zouzou im Sommer 1942 in einem Brief an Bosshard. Zouzou, der Schweizer Öffentlichkeit unter dem Namen Gilberte de Courgenay besser bekannt, freute sich darüber, dass «die Zeitungsverkäufer der NZZ deinen Namen in grossen Lettern auf ihren Hüten oder auf der Brust tragen, um einen Artikel von W.B. anzupreisen, so dass sich die Passanten um die Ausgabe reissen». Dieser Ruhm verblasste in der Nachkriegszeit allmählich, und nach seinem Tod 1975 geriet der einstmals berühmte Name ganz in Vergessenheit. Aus der zeitlichen Distanz wird aber erst recht deutlich, wie einzigartig und wertvoll das Werk ist, das er hinterlassen hat. Trotz Archivlücken und kriegsbedingten Verlusten erweist sich Bosshards fotojournalistisches Vermächtnis als eine ebenso informative wie anschauliche Quelle, um in jenes chinesische Jahrzehnt einzutauchen, das unsere Welt so tiefgreifend verändert hat.

col 134

Eine besonders eindrucksvolle Szene während der Sitzung: Drei Minuten Schweigen zur Erinnerung an Sun = Yat = Sen. Nach der Verlesung des politischen Testaments Sun = Yat = Sen's, des hervorragenden Staatsmannes und Gründers der chinesischen Revolutionspartei (Kuomintang), verneigten sich die Anwesenden vor einem Bild. An der Wand die Verse des neuen chinesischen Nationalliedes. Fot. Bosshard-Dephot.

18,7 cm
19 cm

EDV 752994

ERÖFFNUNG DER CHINESISCHEN NATIONALVERSAMMLUNG

Walter Bosshards Reportage über die Eröffnung der chinesischen Nationalversammlung 1931 markiert den Beginn seiner regelmässigen Berichterstattung aus China. Mit dieser Versammlung wollte die Kuomintang-Regierung unter Tschiang Kai-shek Einigkeit demonstrieren. Aufständische Provinzen, eigensinnige Generäle, unbeugsame Warlords sowie der Machtkampf zwischen Nationalisten und Kommunisten hatten das Reich der Mitte zu einem schwer regierbaren und verletzlichen Territorium gemacht. Am 5. Mai aber versammelten sich 475 Kuomintang-Abgeordnete aus sämtlichen Provinzen in der neuen Hauptstadt Nanjing, um eine provisorische Verfassung anzunehmen und die Rede des Staatspräsidenten zu hören, in der er die grosse Wende ankündigte: «Mangel an Schulen für das ganze Volk, Unerfahrenheit in Politik und Selbstregierung, die Unterlegenheit des chinesischen Kapitals und der einheimischen Fabriken gegenüber der ausländischen Konkurrenz, die ungenügenden Eisenbahnen, der Mangel an Werften und Schiffen sind gegenwärtig die grössten Hindernisse, gegen welche wir ankämpfen. Allein diese Hindernisse sind nicht unüberwindbar, und wenn die Nation fest entschlossen ist, Friede und Einigkeit aufrecht zu erhalten, dann werden auch Industrie und Handel gedeihen.»

Zu den prominentesten Anwesenden gehörten der junge General Tschang Hsueh Liang, der die Mandschurei kontrollierte, sowie der «lebende Buddha» Panchen Lama, den die Chinesen als Verhandlungspartner für den Wiederanschluss der abtrünnigen Provinz Tibet betrachteten. Walter Bosshard beschrieb die würdevolle Stimmung der historischen Versammlung so: «Der Saal war mit Rosen und Azaleen einfach, aber mit auserlesenem Geschmack dekoriert; auf den nummerierten Plätzen der Abgeordneten lagen Notizblock und Schreibpinsel, das Rednerpult zeigte die nationalen Farben: Blau, Weiss, Rot und zu beiden Seiten der Tribüne stand in grossen chinesischen Lettern das politische Testament Sun-Yat-Sens, des verstorbenen Führers und Gründers der Republik.»

41 | Kundgebung der Bevölkerung von Nanjing für
die erste Nationalversammlung, 1931. Vintage Print.

40 | Erste Nationalversammlung; Schweigeminute
zur Erinnerung an Sun Yat-sen, den Gründer der
Kuomintang-Partei, Nanjing, 1931. Vintage Print.

43 | Von links nach rechts: General Tschang Hsueh Liang; seine Ehefrau, Yu Fengzhi; Song Meiling; General Tschiang Kai-shek, Nanjing, 1931. Vintage Print.

42 | Pan-chen Rin-po-che, der Panchen Lama, der zweithöchste Geistliche des Tibet, Nanjing, 1931. Vintage Print.

Phot. W. Bosshard

CHINA MACHT ORDNUNG

Die Eröffnung der chinesischen Nationalversammlung

Ein wichtiges Ereignis in der Geſchichte des modernen China: Eröffnung
der „erſten geſamtchineſiſchen National-Verſammlung" in Nanking.
Blick durch den Triumphbogen auf die neue Univerſität, wo die Sitzung abgehalten
wurde. Im Vordergrund die Autos der Delegierten und der Regierungsmitglieder.

Der chineſiſchen Regierung und dem Staatspräſidenten, Marſchall Tſchiang-Kai-ſchek, iſt es zum erſten Male gelungen,
Delegierte, die allerdings nur einer Partei, der Kuomintang, angehören, aus den ſämtlichen Provinzen und den
chineſiſchen Auslands-Kolonien in Nanking zu vereinigen. 475
Abgeordnete waren zur Eröffnung der chineſiſchen National-
verſammlung zuſammengekommen. Es ging ganz europäiſch zu:
Der Saal war mit Roſen und Azaleen dekoriert, auf den nume-
rierten Plätzen der Abgeordneten lagen Notizblock und Schreib-
pinſel, auf den Galerien ſaßen die fremden Diplomaten und
ſonſtigen Gäſte. Marſchall Tſchiang-Kai-ſchek hielt eine ein-
ſtündige Rede, in der er für ein geeinigtes China und eine
aufbauende Arbeit zum Wohle der chineſiſchen Raſſe eintrat.
Er ſagte, daß China im Jahre 1926 nur 2000 km fahrbare
Straßen hatte, während heute bereits 51 000 km gebaut ſind.
„Diejenigen, die an der Zerſtörung des Friedens und der chineſiſchen Einigkeit arbeiten, ſind die größten Feinde unſeres Volkes",
ſchloß der Staatspräſident ſeine .programmatiſche Eröffnungsrede.

Von rechts nach links: Der lebe
verſucht, in jenem Berglande auf
der Armee; Frau Tſchiang-Kai-ſc
Mandſchurei (Sohn des verſtorben

Eine beſonders eindrucksvolle
Szene während der Sitzung:
Drei Minuten Schweigen zur
Erinnerung an Sun-Yat-Sen.
Nach der Verleſung des politiſchen
Teſtaments Sun - Yat - Sen's, des
hervorragenden Staatsmannes und
Gründers der chineſiſchen Revo-
lutionspartei (Kuomintang), ver-
neigten ſich die Anweſenden vor
ſeinem Bild. An der Wand die
Verſe des neuen chineſiſchen Na-
tionalliedes. Fot. Boßhard-Dephot.

Die interessantesten Persönlichkeiten der chinesischen Nationalversammlung:　Fot. Boßhard-Dephot.

...ha (Panchan-Lama), der vom Dalai-Lama aus Tibet vertrieben wurde und nun mit Hilfe der nationalen Regierung wieder ...lichen und geistlichen Thron zu gelangen; Marschall Tschiang-Kai-schek, der Staatspräsident von China und Höchstkommandierende ...e Gattin; Frau Tschang-Hsüeh-Liang, Gattin des Beherrschers der Mandschurei; Marschall Tschang-Hsüeh-Liang, Beherrscher der ...ang-Tso-Lin), der sich nun der Zentralregierung angeschlossen hat und damit den Frieden im Norden sicherstellt.

Wie in Europa: Die politische Propaganda arbeitete mit Plakaten riesenhaften Formats.
...ommunistisches Plakat: Die durch einen Gene-
...rkörperte Armee vertreibt die Kommunisten.

Sun-Yat-Sen's Bild und Testament als Plakat an
einer Kasernenmauer in Nanking.

Alles wie in Europa:
Viele, viele Drucksachen und Regierungsvorlagen, die den Delegierten übergeben werden. Schwer beladen verlassen sie die Sitzung.

Nummer 4. 31. Januar 1932. 41. Jahrgang. Preis 20 Pfennig.

Berliner
Illuſtrirte Zeitung

Verlag Ullstein Berlin SW 68

Fot. Boßhard.

Neuer Bildbericht von den Kämpfen in der Mandſchurei:

Ein japaniſcher Kavallerie-Offizier hißt die Kriegsflagge auf der Gleisüberführung von Kou-Pang-Tzu und ſignaliſiert ſo den Panzerzügen, daß die Japaner die Station beſetzt haben.

Weitere Aufnahmen unſeres Berichterſtatters in der Mandſchurei Walter Boßhard auf den Seiten 87, 88.

JAPANISCHE BESETZUNG DER MANDSCHUREI

Am 18. September 1931 kam es in der Südmandschurei zu einem Bombenanschlag auf den Express-zug einer Bahnlinie, die von einem japanischen Unternehmen betrieben wurde. Zwar gelang es nicht, den Zug zum Entgleisen zu bringen, doch der Anschlag forderte mehrere Todesopfer.

Hinter dem Attentat steckten die Japaner selbst – sie sprachen von einem chinesischen Sabotageakt und nahmen diesen als Vorwand, um in die Mandschurei einzumarschieren. Unter dem Namen «Mandschukuo» errichteten sie einen Marionettenstaat und setzten Pu Yi, den abgesetzten Kaiser und Erben der Mand-schu-Dynastie, als ihren Statthalter ein.

Der Einmarsch der Japaner weckte den Hass der Natio-nalisten in ganz China und führte zu unkontrollierten Gewalt-ausbrüchen. So etwa 1932 in Shanghai, wo der aufgebrachte Mob fünf japanische Priester angriff – einer von ihnen wurde tödlich verletzt. Die Japaner schlugen sogleich zurück: sie bombardier-ten Shanghai, wobei zehntausende Zivilisten starben.

Im Norden Chinas erlebte Walter Bosshard, wie die chinesische Armee von japanischen Divisionen überrollt wurde. Heerscharen von Toten und Verwundeten blieben auf den Schlachtfeldern zurück: «Man beschloss, die Transportfähigen in aller Frühe in die weiter rückwärts gelegenen Lazarette zu schicken. Wenn es schon eine Qual für einen gesunden, starken Mann ist, auf diesen Strassen im Lastwagen fahren zu müssen, was muss da erst ein Mensch mit verbundenen Armen und Beinen, der auf einer Tragbahre festgeschnallt ist, durchma-chen. Doch die Soldaten lachten, als ich beim ersten Morgen-grauen meine letzten Zigaretten unter sie verteilte, mir schien, als ob sie Eisendrähte anstelle der Nerven hätten.»

55 | Die einzige japanische Kriegsberichterstatterin,
Frau Nagata vom *Tokio-Manchoho*,
1932. Vintage Print.

54 | Japanischer Panzerzug in der Nähe
der Stadt Qiqihar (Tsitsihar), Mandschurei,
1932. Vintage Print.

Der jugendliche General Tschuh Min-Rue,
der den chinesischen Rückzug aus der Mandschurei
leitete, 1932. Vintage Print.

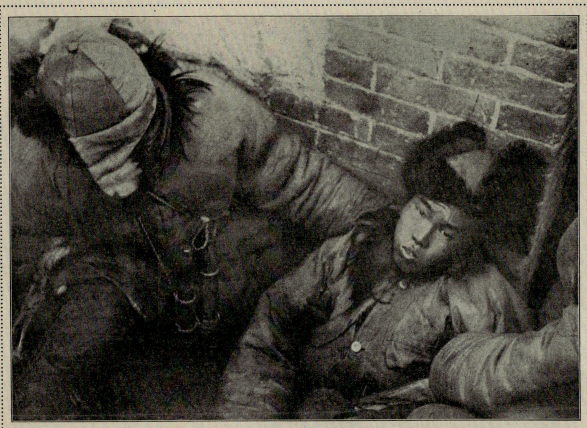

Neuer Bildbericht unseres in die Mandschurei entsandten Berichterstatters Walter Boßhard:
Fliegerangriff der Japaner.
Verwundete chinesische Soldaten nach dem Fliegerangriff auf Kou-Pang-Tzu.

Wirkung der japanischen Fliegerbomben auf die Bahnstation Kou-Pang-
Tzu. Der Angriff erfolgte unmittelbar vor dem chinesischen Rückzug.

Unser nach der Mandschurei entsandter Mitarbeiter Walter Boßhard berichtet über den Rückzug der Chinesen und den Vormarsch der Japaner:

Die Flucht der chinesischen Zivilbevölkerung aus der Mandschurei: Auf einem der letzten Züge, die die Station Kou-Pang-Tzu verlassen.

Nach dem Flieger-Bombardement auf Kou-Pang-Tzu: Chinesen kommen aus einem der Unterstände hervor, um Ausschau zu halten.

Der japanische Kavallerie-Oberst Wakamatu, der Kommandant der japanischen Vorhut, dessen Truppen den Bahnhof zuerst besetzten.

Der jugendliche chinesische General, der den Rückzug leitet. Sein Name ist Tschun Min-Rue.

Der Kriegsberichterstatter: Floyd Gibbons, der für amerikanische Zeitungen tätig ist.

Die einzige japanische Kriegsberichterstatterin, Fräulein Nagata vom Tokio-Manchoho.

Damen einer vornehmen mandschurischen Familie auf der Flucht nach China. Eine Aufnahme vom Bahnsteig in Mukden.

Eines der Opfer der japanischen Fliegerangriffe: Eisenbahnarbeiter mit schweren Beinverletzungen.

Chinesischer Panzerzug bei der Ausfahrt aus dem geräumten Kou-Pang-Tzu.

8. Januar 1932 · Nr. 2
VIII. Jahrgang + Erscheint Freitags

Zürcher Illustrierte

Druck und Verlag:
Conzett & Huber,
Zürich und Genf

Bosshard bei General Ma

AUFNAHMEN W. BOSSHARD

Unser Landsmann Walter Bosshard, in weitesten Kreisen bekannt durch seine Bildberichte aus Gandhis Umgebung, durch sein Buch «Indien kämpft» und durch seine Aufnahmen von der Zeppelin - Arktisfahrt, ist nach der Mandschurei abgereist. Er hatte als eines seiner ersten Abenteuer Gelegenheit, die japanische Abordnung zu begleiten, die kurz nach den Kämpfen an der Nonnibrücke mit dem chinesischen General Ma über die Einstellung der Feindseligkeiten verhandelte. (Weitere Bilder hierzu finden sich in dieser Nummer).

Walter Bosshard schreibt nach seinem Zusammentreffen mit General Ma sein Telegramm in der Eisenbahn Hailun-Harbin

Bild links: General Ma, der vielgenannte Führer der chinesischen Kampftruppen in der Mandschurei, aufgenommen nach der ersten Zusammenkunft mit den japanischen Führern um 4 Uhr morgens in seinem Hauptquartier. – Man betrachte diese Augen, diesen Gesichtsausdruck, diese Jacke, diese Hände. Wer hat sich je einen General so aussehend vorgestellt?

69 | Chinesische Stellung im Kampf gegen die
vorrückenden japanischen Truppen,
Tsun-Hua Lo-Wen-Yü-Front, 10. April 1933.

68 | An der Front zwischen Tsun-Hua und Lo-Wen-Yü
in der Nähe von Beijing, 10. April 1933.

Verkehrswege in China:

Durch den Fluß zu fahren, ist für das Auto sicherer als über die alte, morsche Brücke

Wp. 2. 6. 35

REISEN INS LANDESINNERE

Spätestens seit seiner Teilnahme an der Deutschen Zentralasien Expedition 1927/28 galt Walter Bosshard als ausgewiesener Spezialist für gefährliche Reisen. Als er im Sommer 1933 erfuhr, dass der deutsche Geograf Günther Köhler den Oberlauf des Gelben Flusses (Huang He) erkunden wollte, packte er die Gelegenheit und fuhr mit. Köhlers Ziel war ein See im Koko-Nor (Qinghai), einem Grenzgebiet zwischen Tibet und China. Unterwegs erhielten die Forscher ausnahmsweise Einlass ins Kloster Kumbum; dieses bedeutende Zentrum des Lamaismus blieb sonst den meisten fremden Besuchern verschlossen.

Um einige schwer zugängliche Stellen des Gelben Flusses zu erreichen, mussten die Reisenden traditionelle Flosse benützen: «Diese bestanden aus einer Anzahl Kuhhäuten, die aufgeblasen und luft- sowie wasserdicht gemacht wurden. Darüber wurden Holzstangen befestigt, auf denen unser Gepäck festgebunden werden musste. Wir schafften zwei derartige Flosse an. Dafür benötigten wir rund siebzig Kuhhäute und einige Kilometer starke Seile. Wenn ich heute daran zurückdenke, bin ich immer noch erstaunt, dass wir lebend aus dieser Hölle von tobenden Wirbeln, Engpässen und Wasserfällen kamen.»

1935 fuhr Walter Bosshard per Schiff auf dem Jangtse ins Innere Chinas. Bei dieser zweiten grossen Expedition besuchte er unter anderem die Städte Hankou und Chongqing. Er unternahm aber auch kürzere Reisen in abgelegene Gebiete und widmete sich dem Alltag der Landbevölkerung. Exemplarisch stellte er das Leben eines Bauern in der Bilderzählung «Ein Lebenslauf in China» dar, wofür er kleine Szenen arrangierte. Die riesigen Lössgebiete in Nordostchina, die für die Landwirtschaft eine wichtige Rolle spielten, weckten sein besonderes Interesse. Löss entsteht durch Monsunwinde, die den Staub benachbarter Wüstengebiete nach China verfrachten. Der gelbbraune, nährstoffreiche Boden ist durch starke Erosion gezeichnet. Lössbauern bewohnten teilweise mehrstöckige Höhlenbauten, die ein angenehm ausgeglichenes Klima aufwiesen.

Wenn China Strassen hätte...

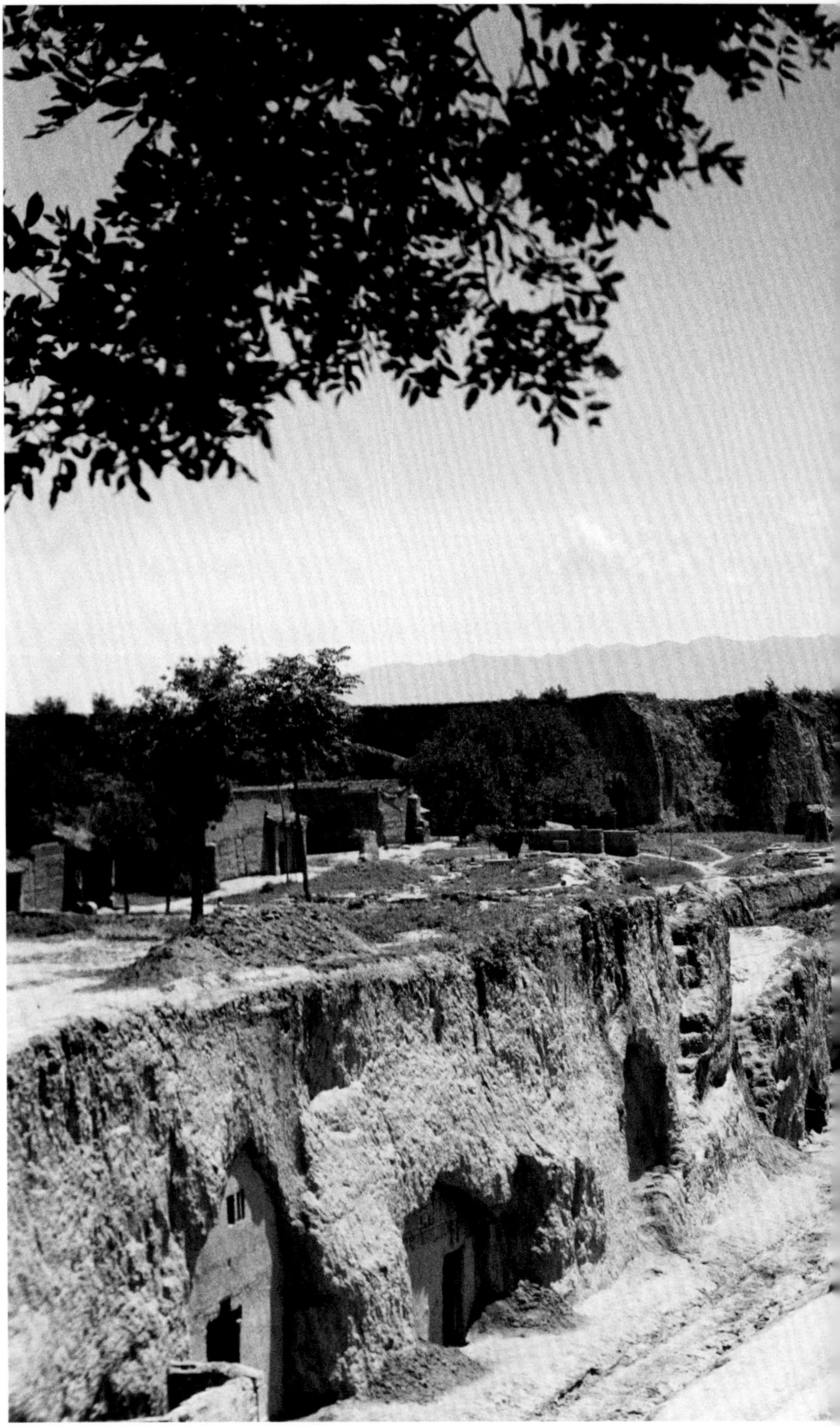

Unterwegs nach Xi'an, Lössterrasse,
Koko-Nor-Reise, 1933.

Zwischen Lanzhou und Xining. Der Karawanenbarbier bei der Arbeit, Koko-Nor-Reise, 1933.

Auf der Reise nach Lanzhou. Der alte Mann liest in einem von seinem Vater geerbten Buch, Koko-Nor-Reise, 1933.

Reinigung einer Buddhafigur in Jehol,
Mandschurei, Mai 1934.

Vorlesung an der philosophischen Fakultät im
Kloster Kumbum Champa Ling, 1933.

Medizinische Prüfung über die Verwendung der
verschiedenen Bestandteile des Papageis,
Kloster Kumbum Champa Ling, Koko-Nor, 1933.

| Zwischen Xi'an und Pingliang. Eine Fähre wird durch die Schlammbänke des Wei He gezogen, 1933.

91 | Floss der deutschen Expedition auf
dem Gelben Fluss (Huang He), Koko-Nor, 1933.

90 | Flösser mit einem Floss aus Kuhhäuten
beim Wasserschöpfrad von Lanzhou,
Koko-Nor-Reise, 1933.

97 | Altstadtgasse von Chongqing,
Februar/März 1935.

96 | Das «Morgenhimmelstor» Tsao Tien Men
in Chongqing, Februar/März 1935.

99 | Umladen von Waren auf dem Jangtse, Chongqing, 1935.

98 | Wasserträger auf dem Weg an den Fluss, Chongqing,
Februar/März 1935.

Flussufer am Jangtse bei niedrigem Wasserstand,
Yichang, Februar/März 1935.

103 | Lösswohnung eines wohlhabenden
     | chinesischen Bauern bei Beijing, 1933.

102 | Markt in Beijing, um 1936.

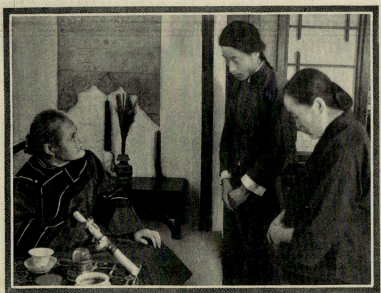

Eine einzig

Ein Le
in

Geschildert von Walte
berichterstatter der

1. Der Beginn unserer Bilderzählung: Eines Tages ging der junge Bauer Fu in das Gutshaus und holte seine Braut, die Dienstmagd Li ab...

In Gegenwart der alten Herrin erblickt er zum erstenmal das junge Mädchen. Ein Vermittler hat Fu's Vater darauf aufmerksam gemacht, daß die junge Li eine sehr sparsame und arbeitstüchtige Frau sei. Die Herrin und Fu's sind mit dem Vorschlag des Vermittlers einverstanden. Wenn Fu und Fräulein Li im Familienhaus eintreffen, gelten sie als verheiratet. Eine andere Hochzeitszeremonie gibt es beim einfachen Volk nicht.

2. Für die Hochzeitsgäste: Fu legt einige Fingerspitzen Tee mehr in das dampfende Wasser als an gewöhnlichen Tagen.

3. Die gemeinsame Lebensarbeit beginnt: Fu und sei

rtige Bild-Erzählung:

benslauf China

Boßhard, der seit Jahren als Sonder-
Berliner Jllustrirten" in China weilt

**4. Fu hat Erfolg... er kauft bei einem verarm-
ten Nachbar neuen Acker für die Familie hinzu.**
Fu zahlt in Silberschuhen (der Schuh hat einen Wert
von rund 50 Mark), massivem Silber, dem Erlös
glücklicher Ernten. Er hatte Glück: weder Ueber-
schwemmungen noch Dürre suchten sein Land heim.

u am frühen Morgen auf dem Weg zum Familienacker.

5. Fu's Glück und Reichtum: Der Sohn.
Mehr noch als die Mutter
hängt der Vater an seinen
Kindern, vor allem an sei-
nen Söhnen, weil sie die
Ewigkeit der Familie sichern.

Ein Lebenslauf in China, erzählt von unserem Mitarbeiter
Walter Boßhard, Peking

6. Zeiten der Not kommen für Fu und die Seinen. Dürre
trocknet die Aecker aus, Banditen treiben das letzte Stück
Vieh vom Hof... Fu's Familie bettelt am Wegrand.

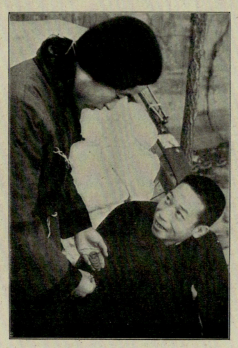

7. Wie Fu seiner Fa-
milie in der Not-
zeit hilft: Er ver-
dingt sich in der
nächsten Stadt als
Rikscha-Läufer.

Links: Fu, der sich
von einem erfahre-
nen Berufskollegen
kluge Ratschläge ge-
ben läßt.

8. Die Zeiten ändern sich wieder: Eine gute Ernte steht in Aussicht.
Fu ist aus der Stadt zurückgerufen; die ganze
Sippe versammelt sich zur Ernte auf dem Acker.

9. Dank an die Göttin der Barm-
herzigkeit für die Hilfe.

Fu zündet in Gegenwart des
Priesters die Weihrauchstäbchen an.

10. Fu feiert das Gedeihen seines Hauses
durch ein Festessen mit seinen Brüdern.

Die Frauen essen abseits vom Männertisch.
Gut und reichlich werden Taubeneier, ge-
zuckerter Fisch, Vogelnest-Suppe, süße Lotos-
kerne und fleischgefülltes Brot dargeboten.

12. Fu am Grabe der Gattin.

Die Künste des Familien-Arztes haben das Leben der Mutter des Hauses nicht
retten können. Auf dem Acker, wo sie säte und erntete, erhebt sich ein runder
Kegel aus brauner Erde. In weißem Gewand, der Trauerkleidung Chinas, klagt
Fu in wortlosem Schmerz um die treue Gefährtin und die Mutter seiner Söhne.

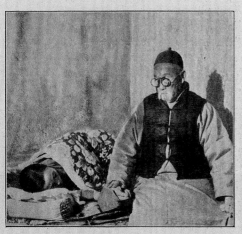

11. Kummer zieht in Fu's Haus ein: Seine Frau kränkelt.

Die Jahre der harten Arbeit haben ihre Lebens-
kraft geschwächt. Der alte Familien-Arzt wird
gerufen und verschreibt einen milden Tee.

13. Der Witwer Fu verbringt die Feierabende im Kreise seiner Neffen und Kinder.

Fu hat das Auf und Nieder des Lebens erfahren, und die
Wirrnisse der Zeiten werden nicht aufhören, auch später um ihn
zu sein. Aber eine große Stärkung ist über ihn gekommen
im Wandel der Jahre: er wurde brauchbar's Glied in der
Kette der Geschlechter und diente der Ewigkeit der Familie.

Bei den Söhnen des
Dschingis Khan

Bilder von dem Besuch unseres Pekinger Mitarbeiters Walter Boßhard im Steppen-Palast des Prinzen Teh Wang, des Führers der mongolischen Unabhängigkeitsbewegung

Der Auftakt der Reise unseres Mitarbeiters Walter Boßhard: Der Gobi-Expreß streikt...

Auf dem Ochsenkarren zum nächsten Mongolenlager, um Hilfe zu holen.

Der Standartenträger der Leibwache des Prinzen Teh Wang. Die goldgelbe Fahne trägt in schwarzer Stickerei mongolische und chinesische Inschriften.

In einer kleinen Talsenke der weiten mongolischen Steppe, dem Auge des Reisenden verborgen, liegt der Wohnsitz des Führers der mongolischen Unabhängigkeitsbewegung, des Prinzen Teh Wang. Die weißen Mauern, die Filzzelte und hohen Tempeldächer spiegeln sich in dem klarblauen Wasser eines Steppensees. Prinz Teh Wang sitzt in einem kleinen Gemach seines Palastes auf dem weichen Kang, dem erhöhten Ruheplatz, der zugleich sein Nachtlager ist. Er tauscht die üblichen Höflichkeiten mit uns aus. Der Dolmetscher übersetzt uns seine Begrüßungsrede, dann kommt eine Unterhaltung in Gang. Lebhaft spricht Teh Wang über die poli-

Ein direkter Nachkomme des großen mongolischen Welteroberers Dschingis Khan: Prinz Teh Wang, der Mann, der für die Unabhängigkeit der Inneren Mongolei kämpft.

Der Prinz, bei dem unser Mitarbeiter Walter Boßhard fünf Tage als Gast weilte, bewohnt einen Steppenpalast. 350 Kilometer von der nächsten Stadt entfernt erhebt sich in einer Steppenmulde wie eine Fata Morgana das prinzliche Palais.

KÜHLES GRASLAND MONGOLEI

Zwischen 1934 und 1936 reiste Walter Bosshard fünfmal in die Innere Mongolei, angezogen von einer unendlich weiten Landschaft und dem Bedürfnis nach einem Leben ohne hektische Agenda – das Gegenstück zu seinem Alltag in Beijing, der von politischen und kriegerischen Ereignissen geprägt war. Wochenlang lebte er in engem Kontakt mit der einheimischen Bevölkerung und passte sich ihrer nomadischen Lebensweise an; er schätzte ihre materielle Bescheidenheit, ihre geistige Kultur und die Verbundenheit mit der Natur: «Hier gab es weder Uhren noch Fahrpläne, kein Adressbuch und kein Telegraphenbureau, das mir mitten in der Nacht einen Boten ins Haus schicken konnte. Die Morgenzeitung, ohne die das Frühstück einst nicht schmeckte, blieb aus, und die Ereignisse in der grossen Welt draussen beunruhigten mich nicht. Was bedeutete ein Regierungswechsel in Frankreich, ein Attentat auf den englischen König, die Eroberung von Abessinien oder die Wahl des amerikanischen Präsidenten? Das alles spielte sich in einer ganz anderen Welt, beinahe auf einem anderen Planeten ab, von dem kein Mongole sich eine Vorstellung machen konnte.»

Walter Bosshard wusste aber auch, dass er sich in einer untergehenden Welt befand, die gerade in diesen Jahren aus einer «traumversunkenen Vergangenheit in die brutale Gegenwart» gestossen wurde. Von Süden her drangen immer mehr chinesische Siedler als Bauern in das ursprünglich dünn bevölkerte Hügelland vor, von Norden drohte die Besetzung durch die Japaner. «Am Vorabend der grossen Umwälzungen, die das freiheitsliebende, friedliche Volk der Mongolen an den Rand des Abgrunds bringen sollten», beschwörte Bosshard Zauber und Schönheit der mongolischen Steppe. Unter dem Titel *Kühles Grasland Mongolei* publizierte er 1938 auch ein mit zahlreichen Aufnahmen illustriertes Buch.

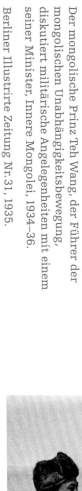

112 | Der mongolische Prinz Teh Wang, der Führer der
mongolischen Unabhängigkeitsbewegung,
diskutiert militärische Angelegenheiten mit einem
seiner Minister, Innere Mongolei, 1934–36.
Berliner Illustrirte Zeitung Nr.31, 1935.

115 | Chinesische Immigranten auf dem Weg
in die Innere Mongolei, 1934–36.

114 | Karawanenlager in der Inneren
Mongolei, 1934–36.

117 | Mongolischer Nomade unterwegs mit seinen Kindern
zu einem neuen Lager, Innere Mongolei, 1934–36.

116 | Die Mongolen beschweren sich über
die chinesischen Immigranten, welche ihnen das beste
Land wegnehmen, Innere Mongolei, 1934–36.

119 | Versammlungsglocke in der neuen Hauptstadt Bailingmiao,
Innere Mongolei, 1934–36.

118 | Fürstenlager mit Tempel-Jurte, Innere Mongolei, 1936.

Blick aus dem Innern einer Jurte,
Innere Mongolei, 1934–36.

Berge und Täler im «Achthügelland»,
Innere Mongolei, 1934–36.

Ein Tag zwischen zwei Fronten.

Auf der Strasse nach Nanyuan, dem Flugplatz von Peking. Zahlreiche Militaerlastwagen mit hunderten von toten Soldaten lagen herum, als die ersten Korrespondenten sich ausserhalb di
Stadt wagten, um sich den Krieg in der Naehe anzusehen. Ein
schinengewehr hatte sie vom Flugzeug aus alle niedergemaeht.

Der Sonderberichterstatter der
„Berliner Jllustrirten Zeitung" in
Peking, Walther Boßhard, schildert:

Auf der Rückzugsstraße der 29. chinesischen Armee aus Peking.

In der Nacht vom 28. auf den 29. Juli räumten die chinesischen Truppen unter dem
Druck der vom Norden vorstoßenden Japaner Peking. Unser Sonderberichterstatter
Walther Boßhard folgte ihnen auf der Rückzugsstraße. Bald zeigte der Krieg sein
ernstestes Gesicht. Japanische Jagdflieger hatten sie Nachhut überwacht und mit
Maschinengewehren beschossen...

13336   37

3626

BEGINN DES ZWEITEN SINO-JAPANISCHEN KRIEGS

Im Juli 1937 führte ein japanisches Regiment nächtliche Manöver in der Nähe der sogenannten Marco-Polo-Brücke ausserhalb von Beijing durch. Während einer Pause fielen Schüsse, beim späteren Rapport wurde ein Soldat vermisst. Daraufhin verlangten die japanischen Truppen Einlass in die nahe gelegene chinesische Festung Wanping, um dort ihren Soldaten zu suchen, wurden jedoch abgewiesen. Der «Zwischenfall» bei der Marco-Polo-Brücke wurde zum Auslöser für einen massiven Einmarsch der japanischen Armee in China und führte zu einer offenen Kriegserklärung: Der Zweite Sino-Japanische Krieg war nicht mehr abzuwenden. Die hochgerüsteten japanischen Truppen rückten schnell vor, während die Chinesen – trotz der Bildung einer Einheitsfront aus Kuomintang und Kommunisten – eine Niederlage nach der anderen hinnehmen mussten.

Am 18. Juli nahmen die Japaner Beijing ein. Bosshard wurde zum Berichterstatter und Nothelfer zugleich: «Während einige chinesische Abteilungen ein Rückzugsgefecht durchführten, verliessen die übrigen chinesischen Truppen in aller Stille Peking, mit der Marschrichtung nach Süden. Vor den Mauern der Stadt drängten sich die Verwundeten und die Flüchtlinge. Die Tore mussten geschlossen werden, aus Angst, japanische Agenten könnten sich einschmuggeln. Wir hatten uns inzwischen auf das Kampfgebiet begeben und luden an Verwundeten auf unsere Autos, so viel irgend möglich war. Das Jammern und Stöhnen Ungezählter, die hilflos im Sonnenbrand lagen, begleitete unseren Samariterzug. Drei volle Stunden mussten wir mit unserer traurigen Fracht vor dem Stadttor warten.»

Am 13. September 1937 eroberten die Japaner Baoding, am 12. November fiel Shanghai. Kurz darauf marschierten die japanischen Truppen in die damalige Hauptstadt Nanjing ein und richteten unter der Zivilbevölkerung ein unvorstellbares Massaker an. In rund sechs Wochen wurden mindestens 200 000 Zivilisten und Kriegsgefangene regelrecht abgeschlachtet sowie 20 000 Mädchen und Frauen vergewaltigt.

Rückseite einer Fotografie von Walter Bosshard. Tote chinesische Soldaten auf der Strasse nach Nanyuan, dem Flugplatz von Beijing, 1937.

135 | Die toten Pferde einer Maschinengewehr-Abteilung auf der Rückzugsstrasse, Beijing, 1937. Vintage Print.

134 | Chinesische Soldaten wurden auf der Strasse nach Nanyuan vom Flugzeug aus mit einem Maschinengewehr niedergemäht, Beijing, 1937. Vintage Print.

Nach dem Luftangriff

Der Sonderberichterstatter der „Berliner Illustrirten Zeitung" in Peking, Walther Boßhard, schildert:

Auf der Rückzugsstraße der 29. chinesischen Armee aus Peking. In der Nacht vom 28. auf den 29. Juli räumten die chinesischen Truppen unter dem Druck der vom Norden vorstoßenden Japaner Peking. Unser Sonderberichterstatter Walther Boßhard folgte ihnen auf der Rückzugsstraße. Bald zeigte der Krieg sein ernstestes Gesicht. Japanische Jagdflieger hatten die Nachhut überrascht und mit Maschinengewehren beschossen...

„Wir holen in unseren Autos Verwundete aus dem Kampfgebiet von Peking..."

Samariterdienste... „Wir stießen mit unserem Wagen", schreibt Walther Boßhard, „auf die ersten Verwundeten, die hilflos am Rand der Rückzugsstraße lagen. Viele baten uns, sie nach Peking mitzunehmen. Wir banden, so gut es ging, je einen der Armen auf die beiden Trittbretter, auf die Kotflügel, in den Wagenkoffer..."

Nach einer aufregenden Nacht trat in den Morgenstunden des 29. Juli eine unerwartete Wendung ein. Während einige chinesische Abteilungen ein Rückzugsgefecht durchführten, verließen die übrigen chinesischen Truppen in aller Stille die Stadt, mit der Marschrichtung nach Süden. Vor den Mauern der Stadt drängten sich die Verwundeten und die Flüchtlinge. Die

Die toten Pferde einer Maschinengewehr-Abteilung auf der Rückzugsstraße.

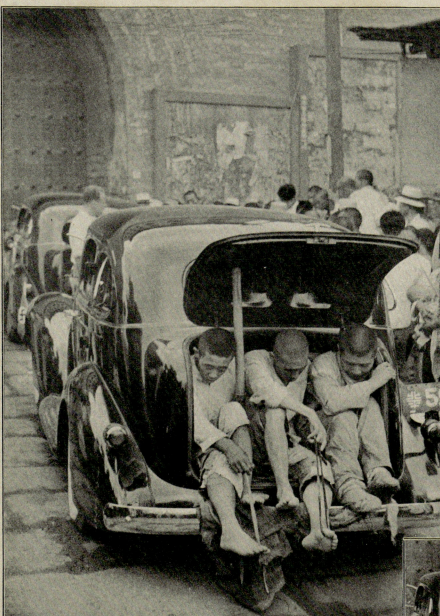

„In den Kämpfen um Peking verletzte Bauern warteten mit uns auf Einlaß in die Stadt."

unserer traurigen Fracht vor dem Stadttor warten. Die letzten Europäer eilten durch die menschenleeren Straßen, nachdem das Warnungssignal am amerikanischen Radiomast hochgezogen war. Knirschend schloß sich das eiserne Tor des Gesandtschaftsviertels hinter ihnen.

Vor einem Tor Pekings steht der mit Verwundeten beladene Wagen Walther Boßhards mit dem eines amerikanischen Korrespondenten und wartet auf Einlaß. Das Tor ist von Polizisten besetzt worden, die Kommen und Gehen streng kontrollieren.

Tore mußten geschlossen werden, aus Angst, japanische Agenten könnten sich einschmuggeln. Wir hatten uns inzwischen auf das Kampfgebiet begeben und luden an Verwundeten auf unsere Autos, soviel irgend möglich war. Das Jammern und Stöhnen Ungezählter, die hilflos im Sonnenbrand lagen, begleiteten unseren Samariterweg. Drei volle Stunden mußten wir mit

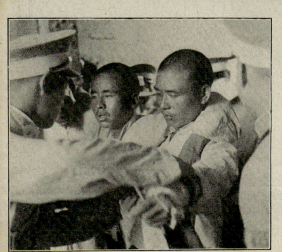

Die erste Untersuchung.

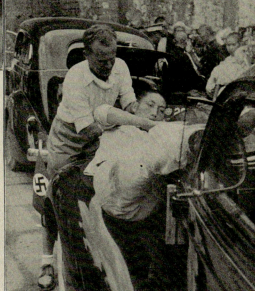

Zwischen Windschutzscheibe und Kotflügel liegend, hatte dieser verletzte Zivilist eine qualvolle Fahrt zu überstehen. Jetzt wird er vorsichtig auf den Boden gelegt und bald von Krankenträgern in ein Lazarett gebracht.

Deutsche und amerikanische Korrespondenten bringen erste Verwundete
von der Nanyuanstrasse nach Beijing zurück, 1937. Vintage Print.

Der mit Verwundeten beladene Wagen Walter Bosshards wartet vor einem der Stadttore Beijings auf Einlass, 1937. Vintage Print.

141 | Beim japanischen Luftangriff in Nanyuan
verletzte Bauern werden am Tor von Beijing untersucht,
bevor sie eintreten dürfen, 1937. Vintage Print.

143 | Soldaten der chinesischen Marschtruppen,
Marco-Polo-Brücke, ausserhalb von Beijing, 1937.

142 | Marco-Polo-Brücke, ausserhalb von Beijing, 1937.

Frau Yamagischi, die Kriegsberichterstatterin des *Fujin Koron*, auf dem Weg an die Front, Beijing, 1937. Vintage Print.

Der japanische Oberst Yamaguchi erklärt den ausländischen Berichterstattern den bisherigen Verlauf der Schlacht, Beijing, 1937. Vintage Print.

147 | Fahrt an die Kriegsfront, Beijing,
1937. Vintage Print.

146 | Junge japanische Soldaten fahren
im Panzerzug an die Kriegsfront,
Beijing, 1937. Vintage Print.

Der gewaltige Troß der Nachschubkolonnen zieht nach Süden.

Räder rollen zur Front!

Der Vorstoß der japanischen Truppen von Peking aus nach Süden folgte dem Zug der Bahnlinien. In drei Heeressäulen eroberte die Nordarmee Gebiete in der Größe Deutschlands. Nun rollen täglich auf den Gleisen und den Straßen längs der Bahn die unübersehbaren Kolonnen.

Fahren, fahren, stundenlang, tagelang...

Das Lied der Räder singt dazu... beim Essen, Trinken, Schlafen, beim lauten, fröhlichen Soldaten-Scherz und beim leisen Träumen von der fernen Heimat.

Im Sonderabteil: Oberst Hiraoka,

der Pressechef des japanischen Hauptquartiers, der die Berichterstatter der Weltpresse, darunter unseren Mitarbeiter, zu einer Frontfahrt einlud, bei seinem Mittagsschläfchen.

Eine Maske, die nur der Krieg in der nordchinesischen Ebene kennt: Die Staubmaske.

Sie schützt ebenso gegen die Kälte der grimmigen Winter, die von jeher dem Japaner, dem Bewohner einer feuchtwarmen Zone, schwer zu schaffen machte.

Heimweh zeichnete diese Landschaft.

Im Nachtquartier von Paoting entdeckte Walter Boßhard eine schlichte Zeichnung des Fujijama, des heiligen Berges. Die Inschrift lautet: „Patriotismus treibt vorwärts."

Auf den Dächern des Militärzuges: Die Wache.

Mit griffbereitem Gewehr sichert die Wache den Zug vor den Ueberfällen durch Banditen. Streckenweise sind auch die Wälder an den Gleisen abgeholzt, um bessere Sicht zu schaffen.

Trotz der Kälte: Ein Bad im Freien!
Einem alten Benzinfaß wurde der Boden ausgeschlagen. Darunter brennt ein Feuer, und das herrlichste heiße japanische Bad ist fertig.

Eine Frau fährt in die vorderste Kampflinie:
Fräulein Yamagischi, die Berichterstatterin des „Fujin Koron".
Auf dem Schienengleis: Schwere Tanks, die, auf Spezialwagen gehoben, das Gleis der Eisenbahn benutzen können.

Nach der Schlacht:
Oberst Yamaguchi, der Stabschef des Generals Kano, dessen Hauptquartier Paoting ist, erklärt den ausländischen Berichterstattern den Verlauf der Schlacht.

Eine riesige Tank-Falle.
Den Frontbesuchern wird der gewaltige, fünf Kilometer lange Graben gezeigt, den chinesische Soldaten aushoben.

In der vordersten Linie:
Unter rasendem Gewehrfeuer: Japanische Infanterie geht im Schutz von Grabhügeln vor.
Kein Land der Erde zählt so viele Friedhöfe wie China. Riesige Gebiete sind mit Gräbern bedeckt. Der chinesische Ahnenkult gebietet die ewige Erhaltung der Totenstätten. So ist es nicht verwunderlich, wenn in Zeiten des Krieges der Friedhof zum Schlachtfeld wird.

Red Leader. China's Lenin is Mao Tse-tung, 45, shrewd, well-read, indomitable son of a harsh, ambitious peasant whom he hated. His only vices are cigarets and a love of pepper.

Red Soldier. The startling blue of the Chinese Communist's padded cotton uniform blazes against the brown hills of China's northwest. Notice two fountain pens in breast pocket.

Red detachments drill ceaselessly in the Shensi Province valleys around the Red Capital of Yenan. Marvelously fertile, these loess hills are continually being carved into queer shapes by the winds that for aeons have been blowing dirt down from the Mongolian steppes. Communist peasants live comfortably in *yao fang* caves dug in their sides.

IM ROTEN CHINA – BESUCH BEI MAO ZEDONG

Im Mai 1938 gelang es Walter Bosshard, die Rote Hauptstadt Yan'an im schwer zugänglichen Norden der Provinz Shaanxi zu besuchen. Hier hatte sich die Achte Route-Armee unter Mao Zedong verschanzt. Nach einer sechstägigen, mühsamen Reise traf er zusammen mit dem amerikanischen Journalisten Archibald Steele im Zentrum des Kommunismus ein und konnte mit Mao ein ausführliches Interview führen. Mao nannte drei Gründe, warum er an den Sieg über Japan glaubte: «Erstens: die ungenügenden militärischen Kräfte, zweitens: das rohe, barbarische Vorgehen der japanischen Armee in China, und drittens: eine ungeschickte, plumpe Führung. Es wäre durchaus im Interesse von Japan, den Kampf sofort abzubrechen. Allein, der Krieg gleicht dem Ritt auf einem Tiger. Man muss bis ans Ende gehen, wenn man nicht vorher abgeworfen wird.»

In seinem sechsteiligen Bericht für die *Neue Zürcher Zeitung* versuchte Bosshard auch Maos Persönlichkeit und seine Erscheinung zu erfassen: «Mao Tse-tung sprach eindringlich, schlicht und ohne Gesten. Seine langen, pechschwarzen Haare fielen ihm bei der Rede oft über die hohe Stirn. Mit einer langsamen Bewegung seiner schöngeformten Hand strich er sie wieder zurück. Sichtlichen Genuss bereiteten ihm die Zigaretten billigster Sorte, die er ununterbrochen rauchte und die nach einer Mischung von Pferdemist und Sauerkraut schmeckten.»

Bosshards Aufmerksamkeit galt nicht nur dem Vorsitzenden der Kommunistischen Partei, sondern auch der Art und Weise, wie sich die Anhänger des Kommunismus organisierten und wie sie ausgebildet wurden. Er war beeindruckt von der Sauberkeit der Stadt und von der fröhlichen Zuversicht der jungen Menschen. «Yenan war das Mekka der kommenden Generation, die, durch Krieg aus Schule und Heimat vertrieben, dort eine neue Glaubensvereinigung erwartet.» Die Anhänger der Achte Route-Armee lebten in Lösshöhlen, die sie als Unterkünfte hergerichtet hatten. Hier erhielten sie Theorieunterricht und wurden auf ihren Einsatz gegen die Japaner vorbereitet. Walter Bosshards Bildbericht über Mao und das Rote China, teilweise farbig in *Life* publiziert, erregte internationales Aufsehen. Der Starreporter Robert Capa, der diese Geschichte ebenfalls machen wollte, kehrte frustriert nach Hause zurück.

Teacher at Yenan's Chinese People's Anti-Japanese Military and Political Academy (Red Academy for short) gives lecture on Shensi hillside. Students now total 2,500. Pot on the table is for tea. Drinking water here is not safe.

The Red hospital is carved in the loess hills of Yenan, run by an American, Dr. Mahoudin. All treatments are free. Such activities in

Printing and ping-pong modernize the Reds' Shangri-La

Printing press operates under ignored Buddha. Resignation of Buddhism is as tiresome to irreligious Reds as to Chiang Kai-shek who is a Methodist. Reds also fight family system.

Workers' Club at Yenan has ping-pong table in yard, Chinese Communist and Kuomintang flags, the latter at right. This is inside city. Encampments are just outside Yenan.

more or less crude form date from the Reds' 1934 flight from Generalissimo Chiang Kai-shek's armies. Now Chiang subsidizes them.

Red Academy students study in poor light between drills. When they have complaints, they drop them in the "Box for Public Opinion," shown directly below. Their fountain pens, shoes, toothbrushes, etc., are usually made in Japan.

The Red Army of China learns its lessons in a cave city

Women serve as nurses (*upper left*), live in primitive discomfort six to eight in a cave (*lower left*). These are well-brought-up girls, not camp followers. One girl is picking on a moon guitar (*Yuenh ching*) while others, using their beds to write on, work on a play. At lower right is the cave doorway (marked Office) of the President of the Red Academy, Lin Piao.

Anhänger der kommunistischen Bewegung
auf dem Weg nach Yan'an, 1938.

165 | Mao Zedong vor dem Eingang zur Roten Akademie,
Yan'an, 1938.

164 | Eingang zum Büro von Lin Piao, Präsident der
Roten Akademie in Yan'an, Mai 1938.

CHINAS
Guerilla-Schule
für Mädchen

Das Geficht der Guerilla-Kriegerin:
Ein weiblicher Hauptmann.

Unser Sonderberichterstatter Walter Boßhard
konnte als erster Ausländer Aufnahmen in
einer der Schulen machen, in denen heute
rund 60 000 junge Chinesen und Chinesinnen
für den Guerilla-Krieg ausgebildet werden.

10 x 14 cm

MOBILISIERUNG
DER LANDBEVÖLKERUNG

Nachdem die Chinesen realisiert hatten, wie schlecht sie für den Abwehrkampf gegen Japan gerüstet waren, griffen sie zu neuen Strategien. Sie erkannten, dass sie sich nur durch die Beendigung des Bürgerkrieges und den Zusammenschluss der nationalistischen und kommunistischen Truppen aus ihrer verzweifelten Lage befreien konnten. Im Vordergrund stand die Mobilisierung der Landbevölkerung sowie die Entwicklung einer Guerillataktik, wobei die kommunistische Achte Route-Armee eine wichtige Rolle spielte – aufgrund ihrer Nähe zur ländlichen Bevölkerung und ihrer Erfahrung im Guerillakrieg. Walter Bosshard veranschaulichte diesen Kurswechsel wiederum mit einer Bildergeschichte: er fotografierte die Verwandlung des Bauern Chang zum Guerillakämpfer, wobei er die einzelnen Szenen nach seinem eigenen Drehbuch gestaltete.

Ein auffälliges Element der neuen Taktik war die konsequente Camouflage, da die grösste Gefahr von den japanischen Fliegerangriffen drohte. Um die getarnten Soldaten zu erkennen, mussten die Bomber sehr tief fliegen; dadurch erhielten die Chinesen eine Chance, sie auch mit einfacheren Waffen zu bekämpfen. In einer aufschlussreichen Reportage hielt Bosshard den Alltag in einem der zahlreichen Ausbildungslager fest, wo auch viele junge Frauen geschult wurden. Er war der erste Ausländer, der zu einer solchen Guerillaschule Zutritt erhielt.

«Der neue Geist der chinesischen Armee» – so der Titel eines weiteren Berichts von Bosshard – spiegelte sich auch in der immer deutlicher spürbaren Bereitschaft der jungen Generation, sich für die Verteidigung Chinas aufzuopfern: «Zufällig traf ich einen dieser Soldaten, der mit mir in Schantung gereist war, als er auf dem Operationstisch eines Missionshospitals lag. Er erkannte mich gleich, erinnerte mich an den Tag, an dem wir uns getroffen hatten. In der nächsten Viertelstunde sollte ihm der Arm amputiert werden, der durch eine Granate zersplittert und infolge ungenügender Pflege und durch den langen Transport unrettbar verloren war. – ‹Was wirst du anfangen, wenn du aus dem Hospital entlassen wirst›, fragte ich, während die Ärzte ihre Masken anzogen und die Gehilfen ihre Instrumente bereitstellten. – ‹Ich fahre zur Truppe zurück›, antwortete er. – ‹Mit einem Arm wirst du wohl kaum mehr zu gebrauchen sein.› – ‹Ich kann immer noch in der Küche aushelfen und einem müden Kameraden das Gewehr tragen›, erwiderte er.»

175 | Die Mädchen werden als Volksrednerinnen ausgebildet, um die Bevölkerung auf dem Land zu mobilisieren, 1938. Vintage Print.

174 | Schlafraum der Mädchen, die zu Guerillakämpferinnen ausgebildet werden, 1938. Vintage Print.

172 | Rückseite einer Fotografie von Walter Bosshard. Guerillaschule für Mädchen, 1938.

177 | Am Sandkasten werden die Einsätze in
den Dörfern hinter der japanischen
Frontlinie diskutiert, 1938. Vintage Print.

176 | Theorieunterricht in Guerillataktik,
1938. Vintage Print.

Zürcher Illustrierte

Nr. 43 21. Oktober 1938 XIV. Jahrgang
Druck u. Verlag Conzett & Huber Zürich, Genf

35 cts

Chinesische Guerillaschülerin

Aufnahme unseres China-Berichterstatters Walter Bosshard. Siehe unsern Bildbericht aus einem chinesischen Schulungslager hinter der Front auf den Seiten 1304/1305 dieser Nummer.

Une Minerve chinoise! Disons plutôt une émule du Dieu Mars. Cette jeune fille suit les cours d'une école de francs-tireurs où notre collaborateur W. Bosshard vous fera pénétrer (voir aux pages 1304/1305 du présent numéro).

181 | Soldaten beim Spiel in der Freizeit, 1938.

180 | Unterkunft in einem Trainingslager
für Guerillakämpfer, 1938.

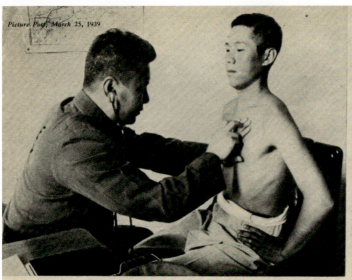

2 *Chang Undergoes Medical Examination*
Chang, the Chinese peasant-boy, sets out for the town. "I want to be a soldier," he says, "and defend the soil of my ancestors." A doctor examines him, reports him fit to go to war.

3 *Chang Gets Used to his Uniform*
Simple exercises improve his physique and develop his muscles. He performs the exercises in uniform, so that he can get used to the feel of it and move as easily as in his scanty farm clothes.

6 *Chang Goes to the Rifle Range*
While the targets are set, Chang receives final instructions before firing a rifle for the first time. In training, his instructors try to reproduce war conditions. He wears his pack and fires from rough ground.

7 *He Learns about More Complicated Weapons*
Chang has learned well and become proficient with the rifle. He is trained in the use of more complicated weapons, such as this portable machine-gun. He is intent on getting into the field as soon as possible.

10 *Modern Theory is Excellent . . .*
Many hours of Chang's time are spent sitting among orderly rows of fellow military students, between the walls of bomb-scarred houses, learning the secrets of guerilla warfare. He is taught to rely upon his own resource.

The stubborn resistance which the regular armies—Chiang's troops and those raised in the provinces—put up until the fall of Hankow last October was only made possible by the co-operation of guerilla forces on the flanks and in the rear of the enemy. Now the regular forces have renounced their former methods and have become spearhead of the organised guerilla warfare.

Who are these guerillas who have so influenced Chiang Kai-Shek? They are his former enemies, the Red Army. Their history is the history of China's civil war, which raged for ten years until peace was reached in December, 1936, when Chiang Kai-Shek was dramatically "kidnapped" by Chang Hsueh-Liang, one-time warlord of Manchuria, whose troops had been sent to crush the Reds, but mutinied when instead of bullets they were met with impassioned appeals for united resistance to Japan.

Chiang flew to Sian to force through the campaign. Petitions for an end to the civil war and an offensive against Japan—which even then was marching into Suiyuan—he refused. So on December 12 Chang took Chiang prisoner, while the petition was broadcast to the Central Government and to all China. After twelve days Chiang was released, through the intervention of his arch-enemy the Red Leader Chou En-Lai, who knew Chiang was the only man who could lead a united China. From that day the civil war was at an end and China was united; China, vast straggling continent of 450,000,000 souls, was united !

Japan watched the developments with alarm. She had to act before it was too late. On July 7, 1937, there came a clash between Japanese troops and part of the Chinese 29th Route Army. The invasion, planned to last 90 days, had begun. Now it is well over its 600th day. The cost to Japan is

4 *He Sees China for the First Time on a Map*
*Chang watches intently (he is on the right, sitting nearest the easel)
as the political instructor teaches him the geography of his country, and
goes on to train him in the principles of guerilla warfare.*

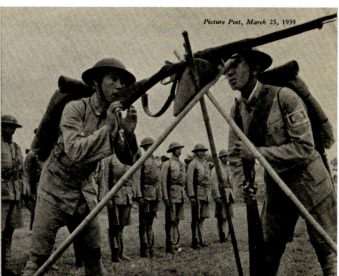

5 *He has his First Lesson in Rifle Drill*
*There are no modern rifles to spare for training. At least he can learn
to use the sights from this ancient weapon. Later, if he is lucky, he
may capture a modern rifle from the enemy.*

8 *He Eats the Traditional Meal*
*Chang leaves his machine-gun to pick up chop-sticks and eat the simple
meal provided by the peasants of the village in which he is quartered.
No longer do peasants fear the soldiers. The Army pays for food and lodging.*

9 *Officers and Men Sing Songs Together*
*There is no class distinction in China's new army. Officers share the
same food and quarters as the men. The highest of them receive a
penny a day, the ordinary soldier a farthing. They entertain each other too*

£1,000,000 a day; and each day 1,000 wounded Japanese soldiers cross the Yellow Sea back to Japan, accompanied by 1,000 urns containing the ashes of their comrades. Of 360,000 square miles seized, it is estimated that Japan has lost hold on all but 100,000.

Japan's set-back dates from August 22, 1937, when the Red Army agreed to become the 8th Route Army of the Central Government. Using the guerilla tactics it had found successful for ten years against the armies of the Central Government, it completely routed the crack Itagaki division at Ping-hsing Pass in northern Shansi, following up this success with a series of equally spectacular victories. The result was that the 8th Route Army was given the task of organising the peasants throughout North China.

China, wild and mountainous, with few railways and fewer roads suitable for the transport of a heavily-equipped, highly-mechanised modern army, is the ideal country for guerilla warfare and the Japanese have been driven back to the roads, railways and waterways.

No wild bands of marauders are these Chinese guerilla fighters. They are peasants inspired by the cause for which they are fighting—the three principles of Dr. Sun Yat-sen, founder of the Chinese Republic—namely, the creation of a united nation free from foreign domination, democratic rights, and economic justice. That is what they are taught politically by trained teachers, of whom former Red Leader Chou En-Lai is vice-chairman—an indication of the real unity of China.

On the military side the peasants are taught that guerilla warfare is an art. They are trained never to engage the enemy unless there is every indication of success; to avoid positional warfare at all costs, confining themselves to surprise attacks;

11 *. . . but Ancient Practice is Useful, too*
*Chang is taught how to use his supple hands and sandalled feet to haul himself up slippery
bamboo poles. Many lost towns have been retaken by guerillas who scaled the walls like
this at night.*

187 | Tarnung im Guerillakampf, 1938.
186 | Beobachtungsposten der Fliegerabwehr, 1938.
184 | Picture Post, 25. März 1939.

14 *Chang Reaches the Fi...*
Their leafy camouflage still clinging to ther...
ambush enemy soldiers. If resistance is te...
which will make it difficu...

The confidence of the peasants won, th
8th Route Army's next move has been to educa
them. Meetings are held at which the New Ide
are expounded and discussed, and the latest w
news obtained from the 8th Route Army's rad
reports, summarised and explained. Most popul
—and effective—means of education, howeve
is the propaganda play, in which simple facts a
ideas are vividly impressed on the peasants.

The peasant fighters make up in courage wh
they lack in arms. For new weapons the enemy
their "ammunition carrier," and wherever possit
during a raid enemy arms and ammunition a
seized. The 8th Route Army receives pra
tically no arms from the Central Governmen
and still fewer medical supplies or equipmen
The total allowance for an army of 100,000 a
300,000 peasant volunteers is £550 a day. Th
means that in the bitter northern winter t
Chinese soldier has to bear even more hardsh
than he did as a peasant, with no gloves—oft
no shoes—so that when hands are too numb
to pull rifle-triggers the rifles are swung like club
and swords and spears are brought into use.

The Hopei-Shansi-Chahar Border Regio
originally organised by the 8th Route Army,
a good example of how people live in the are

NOW CHANG GOES TO WAR

12 *The essence of guerilla warfare is surprise, which means that troop
movements must be concealed from the enemy. So Chang learns to
camouflage himself against the eyes of lookouts or scouting aircraft.*

to work out every manoeuvre in the
greatest detail before engaging the
enemy, planning their line of retreat as
carefully as their line of attack.

The peasantry are friendly to this
new army. In the past the peasant
viewed the Chinese soldier with fear
and distrust; the old mercenary,
fighting for his bowl of rice and
whatever incidental loot came his
way, was scarcely distinguishable from
the enemy in his brutal treatment of
the peasant. The 8th Route Army

changed that, as it had to to succeed.

Instead of treating the peasants with
contempt soldiers discussed their prob-
lems sympathetically, helped them to
plough their fields, harvest their crops
and thresh their grain according to the
latest methods. They asked the
peasants to store away a part of their
crops for the use of China's armies—
but their agricultural experts showed
the peasants how to grow more crops
without any additional expense or
sacrifice on their part.

They Move Up to the Front

13 *At last comes the day when Chang and his comrades march to replace
a battered division. They set off just before dark so that on the last
stage, with their camouflage, they will be invisible to enemy planes.*

ing-line—and Attacks
Chang and his friends leap from cover to
strong they have a carefully-planned retreat
for the enemy to follow.

nominally occupied by the Japanese. The region, situated between four railways, was overrun at first by the Japanese, but now it is once more in Chinese hands, administered by a government which is in radio communication with the Central and Shansi Provincial Governments. It has its own bank, while a bureau organises imports and exports with districts on the other side of the Japanese lines, and a stream of merchants smuggles loads of pepper, nuts, and rice through the enemy lines, returning with such necessities as cloth, salt, paper and oil. Schools have been re-opened, while there is even a newspaper printed with stone blocks because of the lack of type, of which 10,000 copies are printed daily.

An important feature of this and other regions, is the new mobile industry. Obviously, heavy tanks or big guns have to be manufactured in permanent factories, but the ingenious Chinese transport plant for the manufacture of such arms as hand-grenades, dum-dum bullets, rifles and spears —essential for guerilla warfare—on fleets of lorries.

Perhaps 10,000,000 Chinese have been killed or enslaved in 20 months of war, but in the remaining 440,000,000 Japan is facing not a gigantic, unwieldy mass, but a nation which, for the first time for centuries, is united—and aroused.

15 *After Months of War Chang Becomes a Casualty*
Private Chang has fought gallantly in many engagements. Bullets have whistled past him to find a mark in his friends, but he has escaped. One day he feels a searing pain in his head ; a black curtain drops . . . but the man on the right continues his advance.

16 *Badly Wounded, He is Taken to Hospital*
Chang's wounds are carefully bandaged by members of the Self-Defence Corps, who transport him quickly to the base hospital to be cared for as efficiently as scanty medical supplies permit.

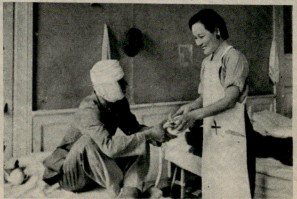

17 *A Distinguished Lady Visits Chang*
One day a lady visits the wards. She is Madame Chiang Kai-Shek, wife of the generalissimo of all China. "I shall soon be fighting for you again," says Chang proudly.

190 | Soldaten beim Training, 1938.

188 | Picture Post, 25. März 1939.

Mr and Mrs Chiang Kai-Shek

Fantastic has been the career of China's 50-year-old Commander-in-Chief, the most-bombed man in the world, and his charming young Christian wife— the backbone of China's resistance to Japan.

CHIANG KAI-SHEK, born in 1887, was a sickly child, mischievous, and a source of anxiety to his parents. At the age of three he thrust a pair of chopsticks down his throat to see how far they would go. His grandfather came next day to see if the vocal chords had been injured. The young patient himself answered : " I can speak. I am not dumb."

His mother was a Buddhist and a vegetarian, and many regard her devoutness as the cause of Chiang's immunity in the midst of the remarkable dangers that have always beset him.

At nineteen he entered the military academy. A Japanese instructor on hygiene placed a cubic inch of earth on his desk, and said it could support four hundred million microbes. He compared it to China, whose four hundred million people were like the four hundred million microb[es]

Chiang rushed to the desk, br[oke] the earth into eight pieces, [and] said : " Japan has fifty mill[ion] people. Are they like the f[our] million microbes in an eighth of [an] inch of earth ? " The Japan[ese] asked in astonishment : " Are [you] a revolutionary ? " And in 1911 [the] question was answered.

For in 1911 the Chinese reve[olu]tion broke out, and Chiang hur[ried] back from Japan, where he [had] been studying, to take an impor[tant] part in it.

From then on he has had a [fan]tastic career. He has become C[om]mander in Chief of the Ar[my] Navy and Air Force of Ch[ina] President of the Supreme [War] Council; President of the Nati[onal] Military Council; President of [the] National Aviation Commiss[ion] Director-General of the Kuom[in]tang; and the Most-Bombed [Man] in the world to-day.

Mme. Chiang Kai-Shek As a Nurse

For years before the War, American-educated Mme. Chiang Kai-Shek (right) was the active leader in every kind of social work in China. To-day she is one of the chief organisers of China's resistance to Japan.

Arriving At The Hospital
Trousered, wearing an open shirt, Mme. Chiang Kai-Shek arrives at the Base Hospital.

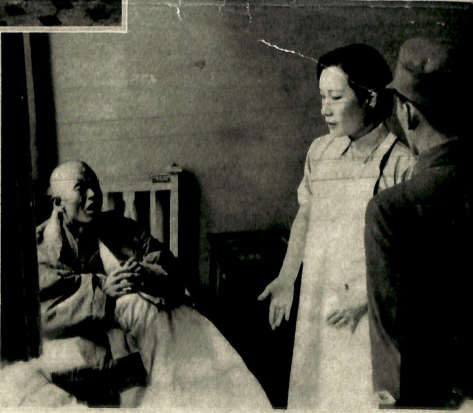

Making The Round Of The Wards
Mme. Chiang Kai-Shek is the daughter of a famous mother, Mme. K. T. Soong, called the mother-in-law of the Chinese Revolution. Besides her hospital work, Mme. Kai-Shek has been incessantly active through newspapers and radio.

SONG MEILING

Walter Bosshard unterhielt gute Beziehungen zu den mächtigsten Persönlichkeiten in China. Besonders beeindruckt zeigte er sich von Song Meiling, der Gattin des Generalissimus Tschiang Kai-shek, die gemäss Bosshard «das politische und gesellschaftliche Leben der provisorischen Hauptstadt Hankou beherrscht. Es gibt in der Weltgeschichte kaum ein Ehepaar vom Range und der Bedeutung der beiden Tschiang, das sich so vorzüglich ergänzt und in ungestörter Harmonie einem grossen, gemeinsamen Ziel entgegenarbeitet.» Song Meiling – häufig auch Madame Tschiang Kai-shek genannt – war die jüngste und schönste Tochter einer angesehenen Bankiersfamilie aus Shanghai, die durch ihr schlichtes Auftreten, ihren Charme und ihren unermüdlichen Einsatz zur Linderung von Not überall bewundert wurde.

«Lange ehe der Krieg ausbrach, versuchte sie, durch die Bewegung ‹Neues Leben› schädliche Sitten und Gewohnheiten ihres Volkes zu bekämpfen und die Jugenderziehung auf eine neue Basis zu stellen. Der Krieg mit all seinen Schrecken, dem grossen Elend und der ungeheuren Armut weckte in dieser ungewöhnlich willensstarken Frau das Mitleid und ein grosses Verantwortungsgefühl. Sie verzichtete auf all die Annehmlichkeiten, die sie als Lebensgefährtin des höchsten chinesischen Staatsmannes beanspruchen konnte, und opferte all ihre Zeit den Millionen unglücklicher Landsleute, die verwundet oder als Krüppel von der Front zurückkamen, von Haus und Hof vertrieben wurden oder arm und halbnackt durch das Land irrten und nicht wussten, woher sie einige Brosamen für ihren Lebensunterhalt, noch ihre Kleider zum Schutze gegen die Winterkälte nehmen sollten. Ihnen allen versucht Frau Tschiang Hilfe zu bringen, und indem sie mit persönlichem Beispiel vorangeht, in Hospitälern mithilft, wenn die Zahl der Verwundeten gross ist, oder sich an die Nähmaschine setzt, um Kleider für Waisenkinder und Flüchtlinge zu machen, gelingt es ihr, die Frauen der vornehmen Gesellschaftsschicht aus ihrer bisherigen apathischen Gleichgültigkeit aufzurütteln.»

194 | Song Meiling bei der Essensausgabe,
      Hankou, 1938.

192 | Picture Post, 5. November 1938.

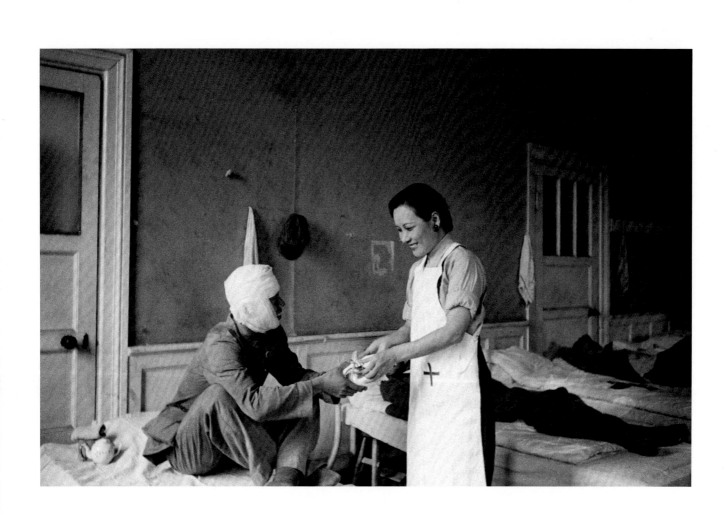

Madame Chiang Kai-shek working with Chinese ladies for the
wounded soldiers and refugees.
Hankow, 13th September 1938

4352- 17

1553

Chiang Kai Chek and
Madame

DER FALL VON HANKOU

Nach der Eroberung von Nanjing nahmen die Japaner Hankou ins Visier. Die am mittleren Jangtse gelegene Stadt, zusammen mit den eng verbundenen Städten Wuchang und Hanyang auch unter dem Namen Wuhan bekannt, war das Hauptquartier von Tschiang Kai-shek und die neue, inoffizielle Hauptstadt Chinas. Zwar leisteten die chinesischen Truppen erbitterten Widerstand gegen die feindliche Invasion, doch am 26. Oktober 1938, nach monatelanger intensiver Bombardierung, musste auch Hankou kapitulieren. In seinen Reportagen im Auftrag der US-amerikanischen Agentur *Black Star* und der Zeitschrift *Life* zeigt Walter Bosshard, was die fast pausenlosen Luftangriffe angerichtet hatten – Tod, Verwüstung, Verzweiflung. Er lieferte erschütternde Aufnahmen von der Evakuierung der Einwohner, vor allem der Waisenkinder, und er hielt fest, wie die Japaner in die fast leere Stadt einmarschierten.

«Friedlich, ohne einen Zwischenfall, war Hankow in weniger als einer Stunde besetzt. Die Japaner zogen mit umgehängtem Gewehr in den chinesischen Stadtteil ein, wo bereits vereinzelte fünffarbige Fahnen, das Abzeichen des neuen Regimes, auftauchten. Im Laufe des Abends wurden noch Marinesoldaten gelandet, die Besatzung des ersten Tages betrug aber kaum mehr als dreitausend Mann. Am 3. November schlug General Hata, der Höchstkommandierende der Armee in Mittel- und Südchina, sein Quartier in Hankow auf. Mit ihm kamen die Truppen, die bisher im Jangtsetal gekämpft hatten. Ihre Ankunft war durch eine systematische Plünderung der Chinesenstadt gekennzeichnet, wobei auch zahlreiche Häuser in Brand gesteckt wurden. Am 4. November verliessen achtzehn Korrespondenten die Stadt, in der nun schon die Geisha-Mädchen in zahlreichen Gruppen auftauchten und mit ihren bunten Kleidern dem Strassenbild einen neuen, ungewohnten Anstrich verliehen. In einem dreistündigen Flug erreichte das Presseflugzeug die Hafenstadt Shanghai. Damit kam ein weiteres, aber sicher nicht das letzte Kapitel dieses unerklärlichen Krieges zum Abschluss.»

Generalissimo Chiang Kai-shek.

12th October 1939.

207 | Der berühmte Maler Tseh-ye arbeitet
an einem Porträt von Tschiang Kai-shek,
Hankou, 4. August 1938.

206 | Generalissimus Tschiang Kai-shek,
12. Oktober 1939. Vintage Print.

204 | Rückseite einer Fotografie von Walter Bosshard.
«Chiang Kai Chek und Madame», Hankou,
12. Oktober 1938.

Ein Waisenkind wartet auf die Evakuierung aus Hankou, September 1938.

215 | Kennzeichnung von Häusern ausländischer
Vertretungen, Hankou, 1938.

214 | Menschen drängen sich mit ihrer Habe
vor einem Tor zu den abgesperrten Bezirken
der Ausländer, Hankou, 1938.

BATTLE OF HANKOW (continued)

Potent war god (characterized by face on belly) glowers in Hankow after Japanese bombs have knocked his Taoist temple down around his ears. He is called the Heavenly Master.

Potent General Li Tsung-jen smilingly defends Hankow with his own southern troops. He won China's one victory at Taierhchwang, has lately published *My Struggling Life History*.

The systematic bombing of Hankow by the Japanese left these weeping women among the ruins. The reverse swastikas are worn by members of the Chinese Red Swastika Society, similar to the Red Cross. The spectacle of a bombed city cannot be adequately reproduced without its colors. Bombed Hankow is shown in color on the following pages.

THE SLUMS OF HANKOW, CAPITAL OF CHINA'S RETREATING GOVERNMENT, ARE RED WITH FLAME AND BLACK WITH SMOKE AFTER A JAPANESE BOMBING

DAZED CITIZENS OF HANKOW CONSIDER WHAT A CITY LOOKS LIKE WHEN BOMBS AND FIRE ARE THROUGH WITH IT. HANKOW WAS BOMBED INTERMITTENTLY ALL SUMMER

224 | Opfer der japanischen Bombardierung, Hankou, 1938.

222 | Life, 17. Oktober 1938 (linke Seite: Walter Bosshard, rechte Seite: Robert Capa).

Kriegsgott in einem taoistischen Tempel, der von einer Bombe zerstört wurde, Hankou, 1938.

| Einmarsch der Japaner in Hankou,
26. Oktober 1938.

Japanische Soldaten vor dem vergitterten Fenster eines Restaurants in dem zwei Chinesinnen eingeschlossen sind, Hankou, 1938.

Japanische Soldaten in Hankou, 1938.

Die Wasserzufuhr ist unterbrochen.
In der französischen Zone tragen Männer
Wasser vom Jangtse in die Stadt, Hankou,
29. Oktober 1938.

VERLAG ULLSTEIN

DIREKTION DES
BUCH- UND ZEITSCHRIFTEN-
VERLAGES

DIREKTION DES
BUCH- U. ZEITSCHRIFTEN-
VERLAGES

BERLIN S.W. 68
KOCHSTRASSE 22-26

敬啓者茲聘請

白斯赫先生（Walter Bosshard）

前赴東亞為本館柏林

畫報以及本館所出其

他雜誌採集圖畫材料

倘承

予白斯赫先生以一切襄助本

館不勝感激之至　柏林務時採發行所啓

BIOGRAFIE

1892 — Geboren am 8. November in Samstagern/Richterswil (Schweiz).

1908 bis 1912 — Ausbildung zum Primarlehrer am Seminar Küsnacht.

1912 bis 1914 — Studien in Kunstgeschichte an den Universitäten Zürich und Florenz, abgebrochen mit dem Beginn des Ersten Weltkrieges.

1914 bis 1918 — Lehrer in Feldmeilen, unterbrochen durch Militärdienst im Tessin.

1919 bis 1925 — Arbeit auf einer Plantage auf Sumatra (Indonesien), Edelsteinhandel in Thailand, Handelsreisender in Indien und im Fernen Osten. Bosshard fotografiert viel auf seinen Reisen, einzelne Bilder und Artikel erscheinen in der Schweizer Presse. Begegnung mit dem deutschen Asienforscher Emil Trinkler in Indien, Pläne für eine gemeinsame Himalayaexpedition.

1925 — Fotografische und filmische Kurzlehrgänge in Lugano/Rom bei Herbert Ruedi und in München.

1927 bis 1928 — Fotograf und technischer Leiter der Deutschen Zentralasienexpedition (zusammen mit Emil Trinkler und Helmut de Terra).

1928 bis 1930 — Bosshards Berichte von der Zentralasienexpedition erscheinen in verschiedenen Zeitungen und Zeitschriften. Er schliesst sich der innovativen Gruppe von Fotojournalisten an, die von der *Agentur Dephot* (Deutscher Photodienst, Berlin) vertreten werden. Diese führende Fotoagentur Deutschlands hat wesentlichen Anteil an der Entwicklung der modernen Fotoreportage, indem sie nicht nur Einzelbilder vertreibt, sondern ganze Serien anbietet.

1930 — Veröffentlichung der Expeditionserlebnisse im Buch *Durch Tibet und Turkistan* (Verlag Strecker und Schröder, Stuttgart). Bosshard reist im Auftrag von *Dephot* und Münchner *Illustrierte Presse* nach Indien. Während acht Monaten legt er auf dem indischen Subkontinent ca. 20 000 km zurück und führt Gespräche mit rund 5000 Inderinnen und Indern. Seine Reportagen über Gandhi und die indische Unabhängigkeitsbewegung machen Bosshard berühmt.

1931 — Bosshard an Bord des ersten (Post-)Flugzeugs, das die Mongolei und die Mandschurei überfliegt. Im Auftrag der *Berliner Illustrirten Zeitung* begleitet er die abenteuerliche Arktisexpedition mit dem Luftschiff Graf Zeppelin. Das Buch *Indien kämpft!* erscheint im Verlag Strecker und Schröder, Stuttgart.

1931 bis 1938 — Berichterstattung hauptsächlich für die Ullstein-Presse *(Berliner Illustrirte Zeitung)* aus China und der Mandschurei. Auftakt bildet die Eröffnung der chinesischen Nationalversammlung in Nanjing (5. Mai 1931). Berichte über Alltag und Gesellschaft, abenteuerliche Expeditionen und politische Ereignisse, Persönlichkeiten der Politik und Armee. Zahlreiche Reportagen über den Sino-Japanischen Krieg und den langandauernden Machtkampf zwischen den Nationalisten unter Tschiang Kai-shek und der von Mao Zedong angeführten Roten Armee. Mit exklusiven Geschichten von der Front festigt Bosshard seinen Ruf als mutiger Kriegsreporter.

1933 bis 1939 — Ständiger Wohnsitz in Beijing. Nebst Bildberichten für die Wochenpresse entstehen auch mehrere Filme sowie längere journalistische und literarische Texte.

1933 — Expedition mit dem deutschen Geografen Günther Köhler in das noch wenig erforschte Koko-Nor-Gebiet (Grenzregion zwischen China und Tibet, am Oberlauf des Gelben Fluss).

1934 bis 1936 — Vier ausgedehnte Reisen und Aufenthalte in der Mongolei.

1935 — Jangtse-Reise. Per Schiff erkundet Bosshard den Blauen Fluss und besucht die Städte Hankou und Chongqing, damals Zentren der nationalistischen Regierung unter Tschiang Kai-shek.

1937 bis 1939 — Berichterstattung aus dem Sino-Japanischen Krieg, zunächst vor allem für die Ullstein-Presse, von der er sich jedoch ab 1938 wegen ihrer nationalsozialistischen Ausrichtung distanziert. Er findet im angelsächsischen Raum neue Abnehmer *(Black Star, Life, Picture Post)*. Daneben arbeitet Bosshard auch regelmässig für Schweizer Medien wie die *Zürcher Illustrierte* und die *Neue Zürcher Zeitung*.

1938 — Exklusive Aufnahmen von Mao Zedong in dessen Hauptquartier in Yan'an. Veröffentlichung von *Kühles Grasland Mongolei. Zauber und Schönheit der Steppe* (Deutscher Verlag Berlin). In diesem erfolgreichen Buch verbindet Bosshard seine Sehnsucht nach einer unverdorbenen Zivilisation mit dokumentarischen Schilderungen und Aufnahmen.

1939 bis 1941 — Regelmässiger Mitarbeiter der *Neuen Zürcher Zeitung* (NZZ). Während den ersten beiden Jahren des Zweiten Weltkrieges bereist Bosshard unter anderem Rumänien, die Türkei, Griechenland und Albanien, den Nahen Osten, Irak und Iran. Beiträge für verschiedene internationale Medien.

1942 bis 1956 — Feste Anstellung als Auslandkorrespondent der NZZ. In den ersten Jahren Berichterstatter in den USA und Aufbau des NZZ-Büros in Washington, ab 1945 für zwei Jahre mit Basis in der Schweiz. Teilnahme an internationalen Konferenzen und Kriegsverbrecherprozessen in den Nachkriegsjahren. In den 1950er Jahren als «roving correspondent» in Indochina, China, Taiwan, Thailand, Japan, Korea, im Mittleren Osten, in Iran und Irak, im Nahen Osten und in Ägypten mit Abstechern in den Sudan.

1947 bis 1949 — Aufenthalt in China mit festem Wohnsitz in Beijing. Zweiter Besuch der kommunistischen Machtzentrale in Yan'an im Januar 1947. Berichterstattung über den eskalierenden Bürgerkrieg, der die Kommunisten unter Mao Zedong an die Macht bringt und am 1. Oktober 1949 zur Ausrufung der Volksrepublik China führt. Bosshard muss bei der Flucht aus China einen Teil seiner schriftlichen und fotografischen Materialien zurücklassen oder vernichten.

1947 — Veröffentlichung des Buches *Erlebte Weltgeschichte. Reisen und Begegnungen eines neutralen Berichterstatters im Weltkrieg 1939–1945* (Fretz & Wasmuth, Zürich).

1953 — Unfall am 23. Oktober in Panmunjeom, Korea. Bosshard stolpert über eine Wurzel und bricht sich das Hüftgelenk. Er erholt sich nie mehr ganz von den Folgen seines Sturzes.

1954 — Veröffentlichung der Bücher *Generale, Könige, Rebellen. Weltgefahr im Mittleren Osten* (Europa Verlag, Stuttgart) und *Gefahrenherd der Welt* (Büchergilde Gutenberg, Zürich).

1956 — Ende Jahr Rücktritt bei der *Neuen Zürcher Zeitung,* altersbedingt und aus gesundheitlichen Gründen.

1957 bis 1975 — Bosshard verbringt seinen Lebensabend während der Sommermonate in seinem Chalet in Grimentz/Val d'Anniviers und im Winter in Ägypten oder Spanien.

1960 — Veröffentlichung des Buches *Tuth. Geschichte aus dem Sudan* (Fretz & Wasmuth, Zürich/Stuttgart).

1962 — Veröffentlichung des Buches *Im goldenen Sand von Asswan* (Orell Füssli, Zürich).

1975 — Walter Bosshard stirbt am 18. November 1975 in Torremolinos (Spanien).

QUELLEN

AfZ — Archiv für Zeitgeschichte
BIZ — Berliner Illustrirte Zeitung
NL WB — Nachlass Walter Bosshard
NZZ — Neue Zürcher Zeitung
ZI — Zürcher Illustrierte

Bücher von Walter Bosshard über China und Asien:
Durch Tibet und Turkistan. Reisen im unberührten Asien. Strecker & Schröder, Stuttgart 1930.
Indien kämpft! Das Buch der indischen Welt von heute. Strecker & Schröder, Stuttgart 1931.
Kühles Grasland Mongolei. Zauber und Schönheit der Steppe. Deutscher Verlag, Berlin 1938.

Beiträge in Zeitschriften und Zeitungen (Auswahl):
China macht Ordnung. Die Eröffnung der chinesischen Nationalversammlung, BIZ Nr. 26, 28.6.1931.
1. Bildbericht aus der Mandschurei, BIZ Nr. 1, 10.1.1932.
Neuer Bildbericht unseres in die Mandschurei entsandten Mitarbeiters Walter Bosshard, BIZ Nr. 4, 31.1.1932.
Bosshard bei General Ma, ZI Nr. 2, 8.1.1932.
Chinesische Zivilbevölkerung auf der Flucht, BIZ Nr. 6, 14.2.1932.
Meine Begegnung mit dem lebenden Buddha, BIZ Nr. 14, 8.4.1934.
Kaiserkrönung in Mandschukuo, BIZ Nr. 12, 25.3.1934.
Meine Erlebnisse auf dem Gelben Strom, BIZ Nr. 19, 13.5.1934.
Wochenende in Peking, BIZ Nr. 25, 20.6.1935.
Landstrassen im Innern Chinas, BIZ Nr. 1, 7.1.1934
Bei den Söhnen des Dschingis Khan, BIZ Nr. 32, 1.8.1935.
China im Strandanzug, BIZ Nr. 34, 22.8.1935.
Ein Lebenslauf in China, BIZ Nr. 35, 29.8.1935.
Der Kampf um Zentralasien, NZZ, 11.1.1935.
Höhlen, in denen heute noch Millionen Menschen wohnen, BIZ Nr. 13, 1936.
Ein Sportfest der Mongolei, BIZ Nr. 52, 22.12.1936.
Frühlingsbaumgasse Nr. 32 in Peking, BIZ Nr. 3, 16.1.1936.
Der starke Mann in China. Zu Tschiang Kai-Scheks 50. Geburtstag, ZI Nr. 46, 1936.

War planes also drop death on North China, Life, 6.9.1937.

The Chinese fight back in the air and shoot down two Japanese planes, Life, 13.9.1937.

Bomben auf Shanghai, BIZ Nr. 36, 9.9.1937.

Nach dem Luftangriff, BIZ Nr. 36, 9.9.1937.

Chinese lie down and Peiping surrenders to Japanese, Life, 6.9.1937.

Shanghai war, Life, 13.9.1937.

The Chinese fight back, Life, 13.9.1937.

«Ich fahre an die Nord-Front!», BIZ Nr. 46, 18.9.1937.

Tagebuchblätter aus Tsinan, NZZ Nr. 47, 9.1.1938; NZZ Nr. 59, 11.1.1938.

War also destroys things, Life, 24.1.1938.

[Qufu], Life, 16.5.1938.

Der Kampf um die Lunghaibahn, NZZ, 31.5.1938.

Regentag in China, NZZ, 5.6.1938.

Chinas Guerilla-Schule für Mädchen, BIZ Nr. 23, 9.6.1938.

Der neue Geist der chinesischen Armee, NZZ, 10.6.1938.

Im kommunistischen China, Teil I–VI, NZZ, 31.7., 4.8., 7.8., 9.8., 11.8., 17.8.1938.

China's blue-clad reds harry Japan, Life, 8.8.1938.

Der Kampf um Hankau, NZZ, 2.10.1938.

Madame Tschiang Kai-shek, NZZ, 16.10.1938.

The Battle of Hankow, Life, 17.10.1938.

Die Guerilla-Schule, ZI Nr. 43, 21.10.1938.

Mr und Mrs Chiang Kai-Shek, Picture Post Nr. 6, 5.11.1938.

Der Fall von Hankau, Teil 1 und 2, NZZ, 11.12.1938.

Das neue Regime in China, NZZ, 18.1.1939.

Der chinesische Soldat, ZI, 14.12.1940.

Chinese troops practice dispersal and camouflage as air raid precaution, The Illustrated London News, 18.2.1939.

The Life of a Chinese Guerilla, Picture Post Nr. 12, 25.3.1939.

Chinas grösste Patriotin, ZI Nr. 49, 9.12.1939.

Der chinesische Soldat, ZI Nr. 50, 14.12.1940.

Filme (Auswahl):

Mongolei, 1. Teil (15'), 1934/36, 16 mm, stumm, sw, AfZ NL WB 484.

Mongolei, 2. Teil (15'), 1934/36, 16 mm, stumm, sw, AfZ NL WB 485.

Krönung in Hsinkiang, 1.3.1934 (17'), 16 mm, stumm, sw, AfZ NL WB 483.

Peking 1934 (8'37), 16 mm, stumm, sw, AfZ NL WB 490.

Freunde in Peking, um 1934 (7'38), 16 mm, stumm, sw, AfZ NL WB 491.

Jagd in der Mandschurei, Provinz Kirin, Januar 1935 (6'35), 16 mm, stumm, sw, AfZ NL WB 486.

Yangtse Kiang, 1935 (12'), 16 mm, stumm, sw, AfZ NL WB 501.

Allerlei aus China, 1936 (7'), 16 mm, stumm, sw, AfZ NL WB 493.

Von Tientsin nach Shanghai, ca. 1937, 16 mm, stumm, sw, AfZ NL WB 492.

Yenan, 1. Teil, April/Mai 1938 (6'), 16 mm, stumm, sw, AfZ NL WB 488.

Yenan, 2. Teil, April/Mai 1938 (11'), 16 mm, stumm, sw, AfZ NL WB 488.

Evacuation Children, Hankou 1938 (18'59), 16 mm, stumm, sw, AfZ NL WB 489.

Guerilla China, Aufnahmeort ungeklärt, 1938 (8'), 16 mm, stumm, sw, AfZ NL WB 503.

Unveröffentlichte Texte (Auswahl):

Das neue Nanking (1931), AfZ NL WB 152.

Die Krisis in China (1931), AfZ NL WB 152.

Schanghai–Berlin in sechs Tagen (1931), AfZ NL WB 153.

Bedeutende Frauen in China (1931), AfZ NL WB 153.

Was sagt der Völkerbund dazu? (1932), AfZ NL WB 166.

Bomben statt Drucksachen. Eine Episode vom mandschurischen Kriegsschauplatz (1932), AfZ NL WB 166.

Zwischen zwei Fronten (1932), AfZ NL WB 166.

Von Mukden nach Schanghai (1932), AfZ NL WB 166.

Fahrt nach dem Kriegsschauplatz (1932), AfZ NL WB 166.

Tagebuch, 6.5.1933, AfZ NL WB 175.

An der chinesischen Front (1933), AfZ NL WB 178–180.

Bei Feng-Yü-Hsiang, dem christlichen General (1933), AfZ NL WB 183.

Groteskes vom Kriegsschauplatz (1933), AfZ NL WB 185.

Peking in Aufregung (1933), AfZ NL WB 186.

Die gegenwärtige Lage in Ostasien, speziell in China. Typoskript für einen Vortrag im Ullstein Haus, Berlin, 12.7.1935, AfZ NL WB 250.

Tagebuch, 6.5.1935, AfZ NL WB 248.

Freundschaft in Hankau. Roman einer kurzen Kriegsepoche in China (1939), AfZ NL WB 241.

Fotoalbum «Bosshard Over Asia» von Archibald T. Steele, 6.1.1939, AfZ NL WB 243.

Rückschau auf die Ereignisse in China 1931/32 (ca. 1949), AfZ NL WB 241.

Asiatische Begegnungen (o.D.), AfZ NL WB 250.

Weitere Literatur:

Bosma, Rixt A.: Photography meets Film. Capa, Ivens and Fernhout in China, 1938, Amsterdam 1938.

Chang, Iris: The Rape of Nanking, Philadelphia 1997.

Die Erfindung der Pressefotografie. Aus der Sammlung Ullstein 1894–1945, Ausst.-Kat. Berlin: Deutsches Historisches Museum, Berlin 2017.

French, Paul: Through the Looking Glass. China's Foreign Journalists from Opium Wars to Mao, Hongkong 2009.

Gidal, Tim N.: Chronisten des Lebens. Die moderne Fotoreportage, Berlin 1993.

MacKinnon, Stephen R.: Wuhan, 1938. War, Refugees, and the Making of Modern China, Berkeley, Los Angeles, London 2008.

Morris, John G.: Get the Picture. A Personal History of Photojournalism, Chicago 2002.

Pfrunder, Peter / Münzer, Verena / Hürlimann, Annemarie: Fernsicht. Walter Bosshard – ein Pionier des modernen Photojournalismus, Bern 1997.

Serrano Esparza, José Manuel: Robert Capa: China 1938. First Kodachrome War Photographies in History, in: FV Photography & Video Magazine, Nr. 225, Mai 2012.

Snow, Edgar: Red Star over China, New York 1938.

Steele, Archibald T.: Men in the East: Bosshard of Ullstein, Caravan Vol. 2, Nr. 8, August/September 1937. S. 39–45.

Topping, Seymour: On the Front Lines of the Cold War. An American Correspondent's Journal from the Chinese Civil War to the Cuban Missile Crisis and Vietnam, Baton Rouge 2010.

Utley, Freda: China at War, New York 2009.

Whelan, Richard: Robert Capa. A Biography, New York 1994.

Whelan, Richard: This is War. Robert Capa at Work, New York 2007.

DER FOTOGRAFISCHE NACHLASS

Der Bestand Walter Bosshard in der Fotostiftung Schweiz umfasst rund 25000 Negative, Kontaktkopien, einzelne Vintage Prints sowie ca. 300 Neuabzüge, die ab 1997 für Ausstellungen angefertigt wurden. Dazu kommen einige Typoskripte sowie gedruckte Bildreportagen in Zeitschriften und Zeitungen. Kernstück dieses Bestands ist das Negativarchiv. Bosshard hatte es in den 1960er Jahren seinen Freunden Jeanne und Ulrich Doerfel-Schneider übergeben. 1991 schenkten sie den ganzen Negativ-Bestand der Fotostiftung Schweiz, damals noch Schweizerische Stiftung für die Photographie.

Der schriftliche Nachlass von Walter Bosshard befindet sich im Archiv für Zeitgeschichte der ETH Zürich. Dieser Bestand umfasst rund 15 Laufmeter Archivgut und enthält Tagebücher, Zeitungsartikel, Manuskripte, unveröffentlichte Texte und rund 20000 Archivkopien von Negativen. Diese wurden von Bosshard selbst auf Kartonbögen montiert und nach seinem eigenen System archiviert. Speziell erwähnenswert sind ausserdem 24 Acetatfilme (16 mm, sw), die 2011 mit Unterstützung von Memoriav restauriert, digitalisiert und dadurch gesichert werden konnten.

Obschon diese beiden Teilnachlässe bedeutende Aspekte von Walter Bosshards Schaffen der 1920er bis 1950er Jahre repräsentieren, ist das überlieferte Werk sehr lückenhaft. Aufgrund von Bosshards Lebensumständen ist eine unbestimmte Anzahl an Fotografien, Texten, Dokumenten und Filmaufzeichnungen verloren gegangen. Nach der Ausrufung der Volksrepublik in China am 1. Oktober 1949 musste Bosshard auf der Flucht schriftliche und fotografische Materialien der Nachkriegszeit zurücklassen oder vernichten. Bis vor kurzem hatte man auch davon auszugehen, dass die meisten seiner oft selbst vergrösserten Prints verloren waren. Bei den Recherchearbeiten für die vorliegende Publikation wurden diese Schätze in den Archiven von Ullstein Bildmedien und im Black Star-Archiv (Ryerson University, Toronto) aufgestöbert und vervollständigen nun das Bild von Bosshards Schaffen und seiner Arbeitsweise.

Eine erste Sichtung und Präsentation seines Werks fand 1977 im Kunsthaus Zürich statt. Mitte der 1990er Jahre konnte mit Unterstützung des Schweizerischen Nationalfonds ein Projekt lanciert werden, in welchem die Teilbestände der Fotostiftung Schweiz und des Archivs für Zeitgeschichte übergreifend ausgewertet wurden. Das Resultat war eine umfangreiche Retrospektive, die wiederum im Kunsthaus Zürich gezeigt werden konnte. Zugleich erschien die Publikation *Fernsicht. Walter Bosshard – ein Pionier des modernen Photojournalismus* (Bern, 1997), welche den historischen und fotojournalistischen Kontext von Bosshards Fotografien wiederherstellte und die Qualität seiner Fotografien deutlich machte.

In den letzten Jahren fand eine neue, intensive Aufarbeitung des Nachlasses statt. Der Bestand der Fotostiftung Schweiz wurde weiter erschlossen, grosse Teile der Negativbestände wurden nach Vorgaben für fotografisches Archivgut neu verpackt und auszugsweise digitalisiert. Begleitet wurden diese Massnahmen durch die Suche nach weiterem Quellenmaterial in anderen Institutionen. Das Archiv für Zeitgeschichte erstellte für die eigenen Bestände ein detailliertes Inventar und digitalisierte sämtliche Archivbögen sowohl als Übersichtsdokumente wie auch auf der Ebene der Einzelbilder. Auf dieser Grundlage kann Walter Bosshards fotografisches Schaffen neu beurteilt und eingeordnet werden. Die für das vorliegende Buch gewählte Fokussierung auf China 1931–1939 ist einerseits inhaltlich begründet. Andererseits handelt es sich bei den erhaltenen Materialien um den dichtesten und umfangreichsten Bestand innerhalb seines fotografischen Nachlasses (ca. 8000 Negative). Diese Dichte erlaubt es, nicht nur Perlen herauszuholen, sondern auch ganze Reportagen zu rekonstruieren und Bosshards Stärken als moderner Bildberichterstatter zu beleuchten.

Madleina Deplazes und Peter Pfrunder

BILDNACHWEIS

Die wichtigste Quelle für die in diesem Buch reproduzierten Aufnahmen ist das Negativarchiv von Walter Bosshard in der Fotostiftung Schweiz. Die ausgewählten Negative wurden digitalisiert und in Anlehnung an die noch vorhandenen Vintage Prints interpretiert.

Bei den als Vintage Prints gekennzeichneten Abbildungen handelt es sich um Reproduktionen von historischen Vergrösserungen. Die Originalabzüge sowie ausgewählte Dokumente befinden sich in den Archiven von

Archiv für Zeitgeschichte (ETH Zürich): S. 3, 4, 7, 8, 11, 12, 15, 16, 19, 20, 23, 24, 27, 28, 31, 32, 198, 199, 233, Archivbögen

Black Star Collection, Ryerson Image Centre, Ryerson University, Toronto: S. 204, 216, 217

Fotostiftung Schweiz, Winterthur: S. 42, 62, 203, 206

Ullstein Bild, Berlin: S. 34, 37–41, 43, 46–49, 52–59, 70, 72, 132, 134, 135, 138–140, 144–147, 172, 174–178

HERAUSGEBER

Peter Pfrunder, geboren 1959 in Singapur, aufgewachsen in der Schweiz. Studierte Germanistik, Europäische Volksliteratur und englische Literatur in Zürich, Montpellier und Berlin. 1995 bis 1998 Co-Leiter des Forums der Schweizer Geschichte / Schweizerisches Landesmuseum, Schwyz. Seit 1998 Direktor und Kurator der Fotostiftung Schweiz in Winterthur. Lebt in Zug. Zahlreiche Veröffentlichungen und Ausstellungen zur Schweizer Fotografie, u. a. «Theo Frey, Fotografien», «Gotthard Schuh – Eine Art Verliebtheit», «Schweizer Fotobücher 1927 bis heute – Eine andere Geschichte der Fotografie», «Kindheit in der Schweiz. Fotografien», «‹Schöner wär's daheim.› Fotopostkarten 1914/18 aus der Schweiz».

DANK DES HERAUSGEBERS

Während vielen Jahren hatte ich – mit langen Intervallen – das Privileg, mich mit dem fotografischen Nachlass von Walter Bosshard beschäftigen zu dürfen. Bei diesen Forschungsreisen in andere Länder und Zeiten kamen immer neue Facetten eines reichhaltigen Lebenswerks zum Vorschein – dies auch dank der Begeisterung und den Untersuchungen, mit denen mich andere Forscherinnen und Forscher inspirierten.

Die wichtigste Anregung zu diesem Buch habe ich Yuting Duan, der Direktorin des Fotofestivals und Fotomuseums von Lianzhou (Provinz Guangdong, China) zu verdanken. Ihre chinesische Sicht auf Walter Bosshard war eine faszinierende Horizonterweiterung. Dass das Buch ausschliesslich seinen China-Bildern gewidmet ist, geht auf mehrere Ausstellungen zurück, die Yuting und ich mit diesem Teil seines Werks in China organisierten.

Bei der jüngsten Phase in der Aufarbeitung des Bosshard-Nachlasses war Madleina Deplazes, Research Curator der Fotostiftung Schweiz, eine unverzichtbare Stütze. Mit hartnäckigen und akribischen Recherchen schuf sie wesentliche Voraussetzungen für einen neuen Zugang. Das Projekt wurde vom ganzen Team der Fotostiftung Schweiz mitgetragen – durch technisches und fachliches Know-how sowie durch engagiertes Mitdenken und vielfältigen Austausch.

Wichtige Unterstützung erhielt ich durch das Archiv für Zeitgeschichte der ETH Zürich sowie durch Ullstein Bild, Berlin. In beiden Organisationen gewährten mir die Mitarbeitenden grosszügigen Einblick in die Bosshard-Bestände und halfen mit Rat und Tat.

Das Projekt wäre aber nicht möglich gewesen ohne eine wunderbare Familie, die immer Verständnis hatte, wenn ich im Kopf und real ins Reich der Mitte reiste. Meine Frau Marianne und unsere Söhne Caspar, Linus und Valentin haben mir Zeit, Freiraum und Energie geschenkt – und unendlich viel mehr.

Zahlreiche weitere Personen haben das Projekt mit Engagement und Hilfsbereitschaft unterstützt: Nicole Arni, Jonas Arnold, Rosina Berger, Severin Bigler, Katrin Bomhoff, Miriam Edmunds, Lea Fuhrer, Martin Gasser, Teresa Gruber, Oliver Gubser, Ursula Heidelberger, Wendelin Hess, Witold Kabirov, Florian Knothe, Christopher Mattison, Sabine Münzenmaier, Daniel Nerlich, Christopher Phillips, Marco Ravicini, Sascha Renner, Katharina Rippstein, Marcel Röthlin, Helene Rüegger, Hu Ruohao, Simon Schwyzer, Nicole Somogyi, Karen Tieth, Nathalie Widmer, Jesse Wyss, Yao Yao, Cynthia Young, Wei Zhang, Gu Zheng, Daniel Zimmerli, Jürg Zimmerli.

Dieses Buch erscheint anlässlich der Ausstellung
«Walter Bosshard / Robert Capa. Wettlauf um China»
in der Fotostiftung Schweiz, 22. September 2018
bis 10. Februar 2019.

Für finanzielle Unterstützung danken
der Limmat Verlag und die Fotostiftung
Schweiz der Cassinelli-Vogel-Stiftung
und der Kulturstiftung Pro Helvetia.
prohelvetia

Im Internet
— Informationen zu Autorinnen
  und Autoren
— Hinweise auf Veranstaltungen
— Links zu Rezensionen, Podcasts
  und Fernsehbeiträgen
— Schreiben Sie uns Ihre Meinung
  zu einem Buch
— Abonnieren Sie unsere News-
  letter zu Veranstaltungen und
  Neuerscheinungen
www.limmatverlag.ch

Der Limmat Verlag wird vom Bundesamt
für Kultur mit einem Strukturbeitrag
für die Jahre 2016–2020 unterstützt.

Die Fotostiftung Schweiz wird
regelmässig unterstützt durch das
Bundesamt für Kultur, die Kantone
Zürich, Thurgau und Tessin und die
Stadt Winterthur.

Buchkonzept Peter Pfrunder
Gestaltung Müller+Hess, Basel
Scans und Bildbearbeitung
Ursula Heidelberger / Laboratorium
Lithos und Druck
druckmanufaktur, Urdorf
Bindung Grollimund, Reinach BL
Papier Daunendruck und Profibulk

© für den Text «Zwischen den Fronten»
und die Einleitungen zu
den Bildkapiteln: Peter Pfrunder
© Fotografien von Walter Bosshard
Archiv für Zeitgeschichte / Fotostiftung Schweiz
© 2018 Limmat Verlag, Zürich
ISBN 978-3-85791-865-0

Archivbögen
Ein wichtiger Schlüssel zum fotografischen Nachlass von Walter
Bosshard sind die Kartonbögen, auf
die er kleine Archivkopien seiner
Aufnahmen montierte und manchmal
auch Informationen schrieb. Obschon
sie nur lückenhaft erhalten sind,
ermöglichen sie einen Überblick über
sein Schaffen und geben Einblick
in seine Arbeitsweise – das Herantasten
an ein Motiv oder die Entwicklung
einer Geschichte. Die hier reproduzierten Bögen aus dem Archiv für Zeitgeschichte umfassen folgende Themen:

Unterwegs nach Xi'an, Koko-Nor-
Reise, 1933
An der Front bei Beijing, 1933
Am Gelben Fluss, 1933
**Frau mit Kopfschmuck in der
Inneren Mongolei,** 1934–36
Marco Polo-Brücke bei Beijing, 1937
«Die gute Erde», 1933
Strassenszenen in Beijing, um 1934
**Tschiang Kai-shek und
Song Meiling,** 1935
Chinesischer Soldat, um 1937
**Walter Bosshard auf dem
Gelben Fluss,** Koko-Nor-Reise,
China, 1933. Aufnahmen vermutlich
von Günther Köhler. (Ausschnitt,
Umschlag Rückseite)

Cä 91

Cä 94

Cä 92

Cä 95

Cä 93

Cä 96

733

736

734

737

735

738

847

850

848

851

849

852

Ca 1

Ca 4

Ca 2

Ca 5

Ca 3

Ca 6

151

154

152

155

153

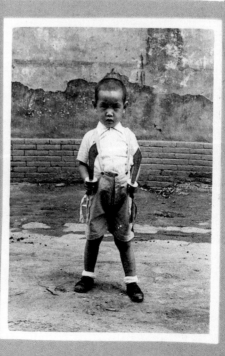

156

223

226

224

227

225

228

619° Bl²

622° Bl⁴

620° Bl⁴

623 Bl⁴

621 Bl⁵

624

145

148

146

149

147

150

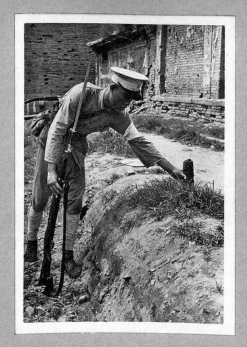

301

304

302

305

303

306

P. Cs 200

„Die gute Erde"

P. Cs 202

P. Cs 201

P. Cs 203

P. Cs 201 a

P. Cs 204

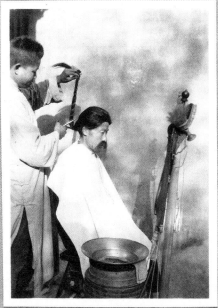

P. Cs 210 a

P. Cs 212 a

P. Cs 211

P. Cs 213

P. Cs 212

P. Cs 213 a

P. lu 475

P. lu 478

P. lu 476

P. lu 479

P. lu 477

P. lu 480

P.Cd201

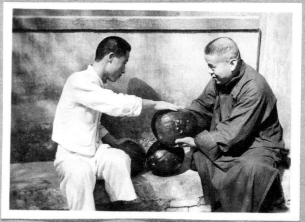

P.Cd204

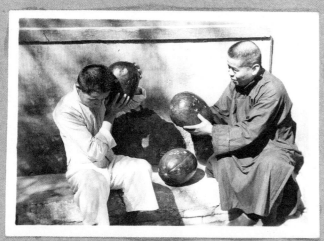

P.Cd202

P.Cd205

P.Cd203

P.Cd 206

P. C. 1

P. C. 4

Darf nicht veröffent-
licht werden
Brief 15. 4. 35.

P. C. 2

P. C. 5

Darf nicht
veröffent-
licht
werden.
Brief
15. 4. 35

P. C. 3.

P. C. 6

P.C. 7.

P.C. 10

P.C. 8

P.C. 11

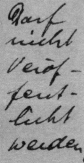

P.C. 9

Brief 15. 4. 35.

P.C. 12

43

 289

 292

 290

 293

 291

 294